उन्नत वीडियो मार्केटिंग कैसे करें

प्रदीप कुमार राय

Copyright © Pradip Kumar Ray
All Rights Reserved.

This book has been published with all efforts taken to make the material error-free after the consent of the author. However, the author and the publisher do not assume and hereby disclaim any liability to any party for any loss, damage, or disruption caused by errors or omissions, whether such errors or omissions result from negligence, accident, or any other cause.

While every effort has been made to avoid any mistake or omission, this publication is being sold on the condition and understanding that neither the author nor the publishers or printers would be liable in any manner to any person by reason of any mistake or omission in this publication or for any action taken or omitted to be taken or advice rendered or accepted on the basis of this work. For any defect in printing or binding the publishers will be liable only to replace the defective copy by another copy of this work then available.

<u>समर्पण</u>

मेरे इकलौते पुत्र श्री प्रज्ञान रॉय और पत्नी सोनाली रॉय, मेरे और रिश्तेदारों की निकटवर्ती और भावी पीढ़ियाँ और निश्चित रूप से मेरी पुस्तक के पाठक।

प्रदीप कुमार रॉय, बर्दवान।

क्रम-सूची

प्रस्तावना

<u>मेरे शब्द</u>

वीडियो मार्केटिंग का अर्थ है प्रचार के लिए वीडियो का उपयोग करना और लोगों को अपने उत्पाद या सेवा के बारे में बताना । आप कंपनी की कहानी बताने के लिए वीडियो का उपयोग कर सकते हैं, कर्मचारी साक्षात्कार की व्यवस्था कर सकते हैं और पर्दे के पीछे के फुटेज साझा कर सकते हैं। वीडियो प्रस्तुत करके, आप ग्राहकों को यह दिखाते हुए बेहतर काम कर सकते हैं कि आप समान मूल्यों को साझा करते हैं। सोशल मीडिया , YouTube और Google पर वीडियो मार्केटिंग महत्वपूर्ण है क्योंकि यह ध्यान आकर्षित करने में मदद करता है ।

व्यापारिक नुकसान को नजरअंदाज करने से सफलता कभी हासिल नहीं होती है। नुकसान - विशेष रूप से पर्याप्त - अधिक कुशल व्यापारी बनने के अवसर हो सकते हैं । मुझे उम्मीद है कि इस पुस्तक का उद्देश्य उदार पाठकों की मदद से सफल होना है। यदि कोई पुस्तक की सामग्री को पढ़ता और समझता है तो मानसिक शक्ति को बढ़ावा मिलेगा।

बबली रॉय। (पांडुलिपि रीडर)

<u>अस्वीकरण</u>

इस काम की नकल, बिक्री, सामग्री के रूप में किसी भी तरह से उपयोग नहीं किया जा सकता है या आपका नाम तब तक नहीं डाला जा सकता जब तक कि आप इसे बेचने के लिए पर्याप्त अधिकार नहीं खरीद लेते या इसे हमारे और अधिकृत पुनर्विक्रेता/वितरक से अपने रूप में वितरित नहीं करते। इस प्रकाशन में सटीक होने का हर संभव प्रयास किया गया है। प्रकाशक त्रुटियों, चूक या विपरीत व्याख्या के लिए कोई जिम्मेदारी नहीं लेता है। हम इस विषय पर सर्वोत्तम जानकारी प्रदान करने की पूरी कोशिश करते हैं, लेकिन केवल इसे पढ़ने से सफलता की गारंटी नहीं होती है।

आप जो परिणाम खोज रहे हैं उसे प्राप्त करने के लिए आपको प्रक्रिया के हर चरण को लागू करना होगा। यह प्रकाशन किसी कानूनी, चिकित्सा या लेखा सलाह के स्रोत के रूप में उपयोग के लिए अभिप्रेत नहीं है। इस गाइड में निहित जानकारी संयुक्त राज्य और अन्य अधिकार क्षेत्र में कानूनों के अधीन हो सकती है। हम सुझाव देते हैं कि किसी भी गतिविधि पर लागू करने से पहले उपयोग की जाने वाली सेवाओं/उत्पादों की आवश्यक शर्तों को ध्यान से पढ़ें, जो विनियमित हैं या हो सकती हैं। आप इस जानकारी के साथ क्या करना चुनते हैं, इसके लिए हम कोई जिम्मेदारी नहीं लेते हैं। अपने निर्णय का प्रयोग करें।

विशिष्ट लोगों या संगठनों की कोई भी कथित मामूली, और जीवित, मृत या अन्यथा, वास्तविक या काल्पनिक पात्रों से कोई समानता, विशुद्ध रूप से अनजाने में है। पिछले परिणामों के कुछ उदाहरण इस प्रकाशन में उपयोग किए गए हैं; वे केवल उदाहरण के उद्देश्यों के लिए हैं और गारंटी नहीं देते हैं कि आपको वही परिणाम मिलेंगे। आपके परिणाम

हमारे से भिन्न हो सकते हैं। इस जानकारी के उपयोग से आपके परिणाम आप पर, आपके कौशल और प्रयास और अन्य विभिन्न अप्रत्याशित कारकों पर निर्भर करेंगे। आपके लिए यह स्पष्ट रूप से समझना महत्वपूर्ण है कि सभी विपणन गतिविधियों में परीक्षण उद्देश्यों के लिए निवेश के नुकसान की संभावना होती है। इस जानकारी का उपयोग बुद्धिमानी से और अपने जोखिम पर करें।

प्रकाशक।

भूमिका

वीडियो मार्केटिंग का अर्थ है प्रचार के लिए वीडियो का उपयोग करना और लोगों को अपने उत्पाद या सेवा के बारे में बताना। यह आपके डिजिटल और सोशल चैनलों पर जुड़ाव बढ़ाने में मदद करता है, आपके दर्शकों को शिक्षित करता है, और आपको एक नए माध्यम से उन तक पहुंचने की अनुमति देता है। लोग अपना एक तिहाई समय ऑनलाइन वीडियो देखने में बिताते हैं। वीडियो खरीदारी के निर्णय लेने में भी मदद करते हैं। कई बड़ी कंपनियों ने अपनी मार्केटिंग रणनीतियों के तहत कुछ बेहतरीन वीडियो विज्ञापन और वायरल वीडियो बनाए हैं। वीडियो मार्केटिंग जो आपके व्यवसाय को बढ़ाने, बिक्री बढ़ाने और अधिक ग्राहकों को बदलने में आपकी मदद कर सकती है।

आप YouTube पर और Google वीडियो भागीदारों के माध्यम से ग्राहकों को विभिन्न तरीकों से जोड़ने के लिए कई प्रकार के विज्ञापन प्रारूपों के साथ आकर्षक वीडियो अभियान बना सकते हैं। सोशल मीडिया पर वीडियो मार्केटिंग महत्वपूर्ण है क्योंकि यह ध्यान आकर्षित करने में मदद करता है, पिछली देखने की सीमा के आधार पर रीमार्केटिंग की अनुमति देता है, और समग्र रूप से अधिक लागत प्रभावी है। ब्रांड जागरूकता बढ़ाने के लिए वीडियो एक उत्कृष्ट कार्य करते हैं, जो आपके मार्केटिंग अभियान का एक अभिन्न अंग है।

आप कंपनी की कहानी बताने के लिए वीडियो का उपयोग कर सकते हैं, कर्मचारी साक्षात्कार की व्यवस्था कर सकते हैं और पर्दे के पीछे के फुटेज साझा कर सकते हैं। वीडियो प्रस्तुत करके, आप ग्राहकों को यह दिखाते हुए बेहतर काम कर सकते हैं कि आप समान मूल्यों को साझा करते हैं। वीडियो आपको अपने संदेश के लिए अधिकार और अधिक व्यक्तिगत अनुभव स्थापित करने देते हैं। अंत में, वीडियो महत्वपूर्ण है क्योंकि यह एक कहानी को स्पष्ट रूप से संप्रेषित कर सकता है। इस प्रकार का विपणन काम करता है क्योंकि यह व्यवसायों को भावनाओं को व्यक्त करने और उत्पादों और सेवाओं के विपणन के आसपास के आवश्यक कारणों का उत्तर देने की अनुमति देता है।

प्रदीप कुमार रॉय, 223-ए, बी, मुखर्जी रोड, नूतनगंज, दिघिरपूल, बर्धमान-713102, पश्चिम बंगाल।

पावती (स्वीकृति)

मेरा आभार और स्वीकारोक्ति

इस पुस्तक को पूरा करने के लिए मैंने विभिन्न पुस्तकों, पत्रिकाओं, वेबसाइटों, सोशल मीडिया जैसे फेसबुक, Quora, विभिन्न विद्वानों के साथ विचार-विमर्श और उनकी विभिन्न राय, विकिपीडिया, विभिन्न पारंपरिक पुस्तकों, आदि के लिए मदद की। उन सभी और इस पुस्तक के प्रकाशक के प्रति मेरी ईमानदारी से आभार। ये पाठक की मानसिक शक्ति को बढ़ाने में मदद करेंगे।

प्रदीप कुमार रॉय।

आमुख

लेखक का परिचय

लेखक ने 31+ वर्षों की सेवा के बाद बैंकिंग सेवाओं से स्वेच्छा से सेवानिवृत्त होने का निर्णय लिया। उस समय, वह एसबीआई की पुरशुर शाखा में मुख्य प्रबंधक (ऑफिंग) के रूप में तैनात थे। एसबीआई में, उन्होंने शाखा प्रबंधक, मानव संसाधन प्रबंधक, सिस्टम मैनेजर आदि जैसी विभिन्न गतिविधियों में काम किया। उस समय, लेखक का शौक अलग-अलग जादू का आविष्कार करना और विभिन्न लेख लिखना था। उनकी पहली पुस्तक "प्रेराना" 2013 में प्रकाशित हुई थी। उनके विभिन्न लेख और निबंध पहले से ही व्यापक रूप से प्रसारित और कम प्रकाशित समाचार पत्रों और पत्रिकाओं में प्रकाशित हुए हैं। जादू के मामले में, लेखक की छवि के साथ बायोडाटा को विश्व निर्देशिका के जादूगरों में प्रकाशित किया गया था।

लेखक की शैक्षिक योग्यता B.Sc. (ऑनर्स। फिजिक्स), M.Sc. (कंप्यूटर साइंस), कंप्यूटर एप्लीकेशन पोस्ट ग्रेजुएट डिप्लोमा (PGDCA), सिस्को सर्टिफाइड नेटवर्क एसोसिएट्स-ग्लोबल (CCNA), इंडियन इंस्टीट्यूट ऑफ बैंकिंग (CAIIB) का प्रमाणित एसोसिएट। उन्होंने विभिन्न सर्टिफिकेट कोर्स जैसे फोटो, वीडियो और ऑडियो एडिटिंग, एनीमेशन, हार्डवेयर, कोबोल प्रोग्रामिंग, हिंदी प्राज़ कोर्स आदि भी किए हैं।

रिटायर होने के बाद, लेखक ने कई अकादमियों के साथ "बैंकिंग" में एक विशेषज्ञ प्रशिक्षक के रूप में भी काम किया और अब वह अपने YouTube चैनल, फेसबुक पेज, वेबसाइट, ब्लॉग, स्टॉक फोटोग्राफी, विभिन्न लेखों, स्व-प्रकाशित पुस्तकों आदि पर काम करता है और वह इंटरनेट आधारित काम में भी लगे है।

निम्नलिखित पुस्तकें जो लेखक द्वारा लिखी गई हैं, वे पहले से ही अमेज़ॅन, फ्लिप कार्ट, नोशन प्रेस, पोथी के ऑनलाइन आउटलेट पर प्रकाशित और उपलब्ध हैं।

बंगाली में - 1) प्रेरणा 2) अनुप्रेरणा 3) महाभारत में ऐसे कौन से तथ्य अंकित हैं जो आज भी प्रासंगिक हैं? 4) पौराणिक कथाओं का निहित अर्थ 5) रामायण की अज्ञात जानकारी 6) मानवता की पूजा करने वाले एक अल्पज्ञात भारतीय की कहानी 7) आसपास के पौधों के औषधीय और सौंदर्य गुण 8) ज्ञात लोगों की अज्ञात कहानी 9) इसे कल्पना, कल्पना में मत करो और बात 10) बाबा का अर्थ है--, माँ का अर्थ-- 11) स्वयं के भीतर आदि।

अंग्रेजी में::- 1) बैंकिंग पत्र कैसे लिखें (बैंकर और ग्राहक के लिए) 120 से अधिक प्रासंगिक नमूना पत्र। 2) ईमेल कैसे लिखें (नैतिकता, उदाहरण और ईमेल के नमूने)। ३) मानवता के एक अल्पज्ञात भारतीय उपासक की कहानी। 4) प्रेरणा और प्रेरणा के रहस्य। 5) बर्धमान में अलोकप्रिय लेकिन ऐतिहासिक रुचि के साथ आकर्षक पर्यटन स्थल। 6) ग्राहक के लिए डिजिटल बैंकिंग तैयार संदर्भ। 7) कल्पना, ट्रोल और मीम्स में 'कोरोना'। 8) बीसी

और बीएफ परीक्षा के उत्तर के साथ एमसीक्यू 9) अपनी मानसिक शक्ति में सुधार कैसे करें 10) सामान्य योग्यता (सीएसआईआर नेट-पिछला प्रश्नोत्तर स्पष्टीकरण और हल करने के संकेत के साथ) 11) लघु कथाएँ और किस्से 12) भारत में मुफ्त सर्वश्रेष्ठ निजी अस्पताल आदि।

हिंदी में:- 1) कैसे प्रेरक कौशल में सुधार कर सकते हैं 2) छात्र: ओ बैंकर के लिए बैंकिंग 3) "कोरोना" - कैथॉन ट्रोल्स या मीम्स 4) ऐतिहासिक आकर्षक पर्यटन स्थल, बर्दवान 5) आप मानक शक्ति का विकास कैसे का 6) संबंध बिपन का विकास करने के सबसे अखर तारिका 7) नकद आदि में लिखा हुआ बैंकिंग पत्र 8) बैंकिंग प्रश्नोत्तर 9) शेयर ट्रेडिंग में मनोविज्ञान और अनुशासन कैसे सीखें प्रकाशित।

प्रकाशक।

<u>प्रस्ताव</u>

इस पुस्तक का निर्माण मेरी प्रकाशित पुस्तक के अनगिनत पाठकों और मेरे ब्लॉग, वेबसाइट, फेसबुक पेज, यूट्यूब आदि के अनुयायियों और दर्शकों की रुचि और प्रेरणा से प्रेरित था।

वेबसाइट-

https: //pkrbur.com;

www.rayfamily.itgo.com

ब्लॉग- बंगाली में प्रेरक- https://pkrnet.blogspot.com;

ब्लॉग- हिंदी में प्रेरक - https://pkrhindi.blogspot.com

ब्लॉग - अंग्रेजी में प्रेरक- https://pkrbur.com/blog-motivational/

ब्लॉग - यात्रा और यात्रा - https://pkrbur.com/blog-tour-travel/

ब्लॉग - छात्रों के लिए बैंकिंग - https://pkrbank.blogspot.com

ग्राहकों के लिए ब्लॉग-बैंकिंग तकनीक- https: //pkrbur.com/blog-banking-technology-for-customer/

PKR वीडियो और ऑडियो - https://pkrbur.com/p-k-r-video-audio-links/

Facebook पृष्ठ - https://www.facebook.com/pradip1/

PKRNET फेसबुक पेज - https://www.facebook.com/Pkrnet-Institute-192616401621756/

फेसबुक ग्रुप: -Motivational & Inspirational https://www.facebook.com/groups/Motivation62

FACEBOOK - https://www.facebook.com/profile.php?id=100009528403607

YouTube- SHANTANURUDRA- भेस प्रदीप क्र का नाम। रे -https://www.youtube.com/channel/UC9ZCD6070OMsP0pdwcgSBwwY

YouTube - https://www.youtube.com/channel/UC5wyD8s3usaRfMDduEjR1LQ?view_as=subscriber

ई-मेल:

pradip.ray1911@gmail.com

Pkrnet.burdwan@gmail.com

लेखक की प्रकाशित पुस्तकें देखने के लिए, लिंक पर जाएँ: https://pkrbur.com/professional/

1
परिचय

वीडियो मार्केटिंग का महत्व

वीडियो मार्केटिंग की शुरुआत 2005 में YouTube के लॉन्च के साथ हुई थी। Google ने अक्टूबर 2006 में YouTube को खरीद लिया, और 2009 तक मंच पर सात अलग-अलग विज्ञापन प्रारूप थे। जैसे-जैसे गुणवत्ता वाले वीडियो बनाने की तकनीक आसान होती जाती है, यह विपणक के साथ अधिक लोकप्रिय हो जाता है। लेकिन यही एकमात्र कारण नहीं है कि वीडियो आज संचार का प्रमुख रूप है। सबसे पहले, स्मार्टफोन तकनीक का उदय हुआ जिसने वीडियो देखना आसान और अधिक सुविधाजनक बना दिया। तब महामारी ने अमेरिका में ऑनलाइन मीडिया की खपत को 215% बढ़ा दिया।

वीडियो मार्केटिंग सामाजिक शेयरों को प्रोत्साहित करती है। वीडियो सोशल मीडिया पर दूसरा सबसे लोकप्रिय सामग्री प्रकार है।

YouTube और TikTok जैसे प्लेटफार्म हमेशा से वीडियो के बारे में रहे हैं। इंस्टाग्राम और फेसबुक जैसे प्लेटफॉर्म वीडियो पर फोकस कर रहे हैं। यहां तक कि ऐसे प्लेटफॉर्म जो मूल वीडियो अपलोड की पेशकश नहीं करते हैं, वे वीडियो मार्केटिंग के महत्व पर जोर देते हैं। ट्विटर पर ट्वीट्स को 10 गुना अधिक जुड़ाव मिलता है। 68% वीडियो विपणक इस वर्ष लिंक्डइन वीडियो का उपयोग करने की योजना बना रहे हैं।

वीडियो मार्केटिंग SEO में सुधार करती है और रूपांतरण और बिक्री को बढ़ाती है। 31% विपणक SEO को बेहतर बनाने के लिए वीडियो जोड़ते हैं। जब वे वीडियो जोड़ते हैं तो वेबसाइटों को एक खोज इंजन बूस्ट दिखाई देता है क्योंकि यह पृष्ठ की गुणवत्ता और विज़िटर द्वारा पृष्ठ पर व्यतीत किए जाने वाले समय को बढ़ाता है। 60% से अधिक विपणक कहते हैं कि उनकी ग्राहक अधिग्रहण लागत बढ़ गई है। वहीं, 83% वीडियो विपणक कहते हैं कि वीडियो उन्हें लीड उत्पन्न करने में मदद करता है। ऐसा इसलिए है क्योंकि वीडियो ने न केवल व्यवसायों के बाजार और उपभोक्ताओं की खरीदारी का तरीका बदल

दिया है; इसने यह भी क्रांति ला दी है कि किस प्रकार सेल्सपर्सन संभावनाओं से जुड़ते हैं और उन्हें रूपांतरित करते हैं और कैसे सेवा दल ग्राहकों का समर्थन करते हैं और उन्हें प्रसन्न करते हैं। संक्षेप में, वीडियो पूरे चक्का में अविश्वसनीय रूप से उपयोगी है - न कि केवल ब्रांड जागरूकता बढ़ाने के लिए।

वीडियो संपूर्ण ग्राहक खरीदारी यात्रा के दौरान सेल्सपर्सन के लिए एक बहुमुखी उपकरण हो सकता है, और यह जुड़ाव बढ़ाने के अलावा और भी बहुत कुछ कर सकता है। बैकएंड एनालिटिक्स सेल्सपर्सन को कोल्ड या अनुत्तरदायी लीड को अर्हता प्राप्त करने और प्राथमिकता देने में भी मदद करता है। वीडियो मार्केटिंग मोबाइल उपयोगकर्ताओं को आकर्षित करती है। मोबाइल उपयोगकर्ता वीडियो उपभोग के लिए एक प्रेरक शक्ति हैं। स्टेटिस्टा के एक अध्ययन के अनुसार, सर्वेक्षण में शामिल 77% लोग ऑनलाइन वीडियो देखने के लिए मोबाइल या टैबलेट का उपयोग करते हैं। और फेसबुक का कहना है कि लोगों के लिए कंप्यूटर की तुलना में स्मार्टफोन पर हर दिन वीडियो देखने की संभावना 1.5 गुना अधिक है। वीडियो मार्केटिंग शिक्षित करने और विश्वास बनाने के लिए बहुत अच्छा है। जबकि 91.9% उपयोगकर्ता किसी भी प्रकार के वीडियो को देखने के लिए संतुष्ट हैं, 31.3% वीडियो कैसे-कैसे चाहते हैं और अन्य 29.8% शैक्षिक वीडियो चाहते हैं।

"उन्नत वीडियो मार्केटिंग" प्रशिक्षण को लागू करने के लिए नवीनतम और बहुत आसान में आपका स्वागत है, जो आपको हाथ से लेने के लिए डिज़ाइन किया गया है और आपके व्यवसाय की ओर से उन्नत वीडियो मार्केटिंग का अधिकतम लाभ उठाने की प्रक्रिया के माध्यम से चलता है। मैं आपको यहां पाकर बहुत उत्साहित हूं, और मुझे पता है कि यह आपके लिए बहुत मददगार होगा। यह विशेष प्रशिक्षण आपको चरण-दर-चरण, विषय दर विषय और टूल दर टूल दिखाएगा कि आपको उन्नत वीडियो मार्केटिंग पर हावी होने के लिए सबसे आसान तरीके से, सबसे प्रभावी टूल का उपयोग करके और कम से कम समय में क्या जानने की आवश्यकता है। इस प्रशिक्षण में 20 प्रशिक्षण अध्याय शामिल हैं, जो आपको नवीनतम वीडियो मार्केटिंग रणनीतियों को दिखाने के लिए तैयार हैं। खैर, अब समय आ गया है कि आप अपने व्यवसाय की ओर से उन्नत वीडियो मार्केटिंग का अधिकतम लाभ उठाएं। मुझे पता है कि आपको यह प्रशिक्षण पसंद आएगा।

वीडियो मार्केटिंग रणनीति कैसे बनाएं

1. अपने लक्षित दर्शकों को चुनें और पता करें कि वे अपना समय कहाँ बिताते हैं।

2. वीडियो के लिए एक योजना पर संरेखित करने के लिए हितधारकों से जुड़ें।

3. अपने वीडियो के लिए एक टाइमलाइन और बजट सेट करें।

4. अपने वीडियो को वितरित करने के लिए सबसे अच्छा मंच चुनें।

5. मैसेजिंग विकसित करें और अपने व्यक्तित्व के लिए सही प्रकार के वीडियो चुनें।

6. तय करें कि आप किन मेट्रिक्स को ट्रैक करना चाहते हैं और आप सफलता को कैसे

मापेंगे।

इससे पहले कि आप कुछ भी सेट करें, रिकॉर्ड करें या संपादित करें, वीडियो मार्केटिंग रणनीति के साथ शुरुआत करें । क्यों? क्योंकि वीडियो बनाने की प्रक्रिया के दौरान लिया गया हर निर्णय आपके वीडियो के उद्देश्य की ओर इशारा करेगा और आप अपने दर्शकों को इसे देखने के बाद क्या कार्रवाई करना चाहेंगे। आपकी टीम द्वारा सहमत स्पष्ट उद्देश्य के बिना, आप अपने आप को पुनः शूटिंग, पुनः फ़्रेमिंग और संपादन के बवंडर में पाएंगे। जिससे काफी कीमती समय बर्बाद होता है। इसलिए, एक स्पष्ट रणनीति के साथ प्रक्रिया शुरू करें।

1. अपने लक्षित दर्शकों को चुनें और पता करें कि वे अपना समय कहाँ बिताते हैं।
वीडियो और उपयोगकर्ता-जनित वीडियो सामग्री की लोकप्रियता का अर्थ है कि आपको प्रत्येक वीडियो के साथ एक विशिष्ट ऑडियंस को लक्षित करने की आवश्यकता है। यदि आपके पास पहले से मजबूत खरीदार व्यक्ति नहीं हैं, तो उन्हें अभी बनाना शुरू करें। यदि आपके पास पहले से ही खरीदार व्यक्तियों का एक समूह है, तो नवीनतम वीडियो शोध को शामिल करने के लिए अपने व्यक्तित्व को अपडेट करना सुनिश्चित करें।

2. वीडियो के लिए एक योजना पर संरेखित करने के लिए हितधारकों से जुड़ें।
वीडियो बनाते समय आमतौर पर बहुत सारे खिलाड़ी होते हैं। आप कैसे सुनिश्चित कर सकते हैं कि वे सभी संरेखित हैं? Google फॉर्म या सर्वेमोनकी का उपयोग करके एक प्रश्नावली बनाएं और इसे परियोजना के हितधारकों के साथ पास करें। इस तरह, आप सभी से समान प्रश्न पूछ सकते हैं और उनके उत्तर एक ही स्थान पर रख सकते हैं। इस स्तर पर, लक्ष्यों के स्पष्ट सेट पर सहमत होना महत्वपूर्ण है। क्या आपका वीडियो मार्केटिंग ब्रांड जागरूकता बढ़ाने के लिए है? अधिक इवेंट टिकट बेचें? एक नया उत्पाद लॉन्च करें? वीडियो देखने के बाद आप अपने दर्शकों से क्या चाहते हैं?

3. अपने वीडियो के लिए एक टाइमलाइन और बजट सेट करें।
वीडियो को अपनी पसंदीदा फिल्म का छोटा, तेज और कम खर्चीला संस्करण समझें। जबकि एक वीडियो को सफल होने के लिए कम संसाधनों की आवश्यकता होती है, फिर भी यह एक समय लेने वाली और महंगी प्रक्रिया हो सकती है। आप योजना और परियोजना प्रबंधन के साथ समय और पैसा बचा सकते हैं। प्रक्रिया के हर चरण के लिए एक स्पष्ट समयरेखा बनाएं और कभी-कभार होने वाली देरी के लिए योजना बनाएं। यहां तक कि एक छोटा वीडियो उत्पादन कई अलग-अलग लोगों के कौशल पर निर्भर करता है। इसलिए, आप यह सुनिश्चित करना चाहते हैं कि अप्रत्याशित चुनौतियों और परिवर्तनों के बावजूद भी आप अपना वीडियो रागय पर वितरित कर सकें।

4. अपने वीडियो को वितरित करने के लिए सबसे अच्छा मंच चुनें।
अपना वीडियो बनाना शुरू करने से पहले, सोचें कि आप इसे कहां प्रसारित करने जा रहे हैं।

YouTube SEO, Website SEO जितना ही महत्वपूर्ण होता जा रहा है। स्रोत इस बारे में सोचें कि उस प्लेटफ़ॉर्म पर लोग क्या ढूंढ रहे हैं। आप यह भी विचार करना चाहेंगे:

• औसत दृश्य समय

• आकार और ध्वनि सीमाएं

• समुदाय

• बजट

• पदोन्नति

जबकि वीडियोग का उपयोग अक्सर विज्ञापन के लिए किया जाता है, एक वीडियो केवल स्वयं का प्रचार नहीं करता है। कुछ प्लेटफार्मों में प्रचार के लिए अंतर्निहित वाहन हैं, जबकि अन्य को आपको अपने वीडियो सामग्री पर अधिक नज़र रखने के लिए कुछ समय और प्रयास करने की आवश्यकता होगी। वीडियो प्लेटफ़ॉर्म की यह सूची आपको यह तय करने में मदद कर सकती है कि आपके वीडियो अभियान के लिए कौन सा प्लेटफ़ॉर्म सबसे अच्छा है।

5. मैसेजिंग विकसित करें और अपने व्यक्तित्व के लिए सही प्रकार के वीडियो चुनें। अपने वीडियो के साथ एक संदेश संप्रेषित करना महत्वपूर्ण है। यदि आप सुनिश्चित नहीं हैं कि कहां से शुरू करें, तो अपनी वीडियो रणनीति को प्रेरित करने के लिए मार्केटिंग वीडियो के इन उदाहरणों में से किसी एक का उपयोग करें। यदि आप सुनिश्चित नहीं हैं कि खरीदार यात्रा के विभिन्न चरणों में ग्राहकों के लिए किस प्रकार का संदेश सबसे अच्छा है, तो अपने वीडियो संदेशों को चक्का के साथ संरेखित करें । अपने बजट, कौशल और संसाधनों को ध्यान में रखते हुए, उन रचनात्मक बाधाओं के बारे में सोचें जो उत्पन्न हो सकती हैं। क्या आपको निचले तीसरे ग्राफ़िक्स बनाने के लिए डिज़ाइनर की आवश्यकता है? क्या आप एक एनिमेटेड वीडियो या एक लाइव-एक्शन वीडियो बनाने जा रहे हैं?

6. तय करें कि आप किन मेट्रिक्स को ट्रैक करना चाहते हैं और आप सफलता को कैसे मापेंगे। इससे पहले कि आप उत्पादन में उतरें, आपको अपने वीडियो लक्ष्यों को परिभाषित करने और सर्वोत्तम मीट्रिक खोजने की ज़रूरत है ताकि आपको यह समझने में मदद मिल सके कि आपने उन लक्ष्यों को पूरा किया है या नहीं। आप अपनी पसंद के प्लेटफ़ॉर्म में उपलब्ध मीट्रिक का उपयोग करने के लिए डिफ़ॉल्ट कर सकते हैं। लेकिन इससे यह पता लगाना मुश्किल हो सकता है कि आपकी वीडियो रणनीति समय के साथ प्रदर्शन कर रही है या नहीं। यह मल्टीचैनल वीडियो रणनीतियों की प्रभावशीलता को मापना भी मुश्किल बना सकता है। इसके बजाय, कई प्रमुख प्रदर्शन संकेतक चुनें जो आपके वीडियो लक्ष्यों के अनुरूप हों। मेट्रिक्स की यह सूची शुरू करने के लिए एक अच्छी जगह है यदि आप सुनिश्चित नहीं हैं कि अपने वीडियो मार्केटिंग को ट्रैक करने के साथ कहां से शुरू करें।

चक्का के माध्यम से आपका वीडियो मार्केटिंग गाइड

बहुत बार, कंपनियां अपना पहला वीडियो बनाने के अवसर पर कूद पड़ती हैं। वे अपने

होमपेज के लिए एक व्याख्याता वीडियो पर पूरा बजट खर्च करते हैं, लेकिन जैसे ही परियोजना पूरी होती है, भविष्य की सभी वीडियो योजनाएं रुक जाती हैं। अन्य व्यवसाय कई सामाजिक वीडियो बनाते हैं। लेकिन वे अक्सर उनके द्वारा देखे गए सनक की नकल करते हैं, इसलिए उनके वीडियो उनके दर्शकों की चुनौतियों या आदतों से नहीं जुड़ते हैं। वीडियो मार्केटिंग एक आवेगी अनुमान लगाने वाला खेल नहीं हो सकता। इसके बजाय, आपको एक व्यापक वीडियो मार्केटिंग रणनीति बनानी होगी जो आपके चक्का के हर हिस्से पर लागू हो ।

इनबाउंड कार्यप्रणाली से शुरू करें। इनबाउंड कार्यप्रणाली मार्केटिंग और बिक्री दृष्टिकोण है जो प्रासंगिक और सहायक सामग्री और इंटरैक्शन के माध्यम से ग्राहकों को आकर्षित करने पर केंद्रित है। आपके द्वारा बनाए गए प्रत्येक वीडियो को आपके दर्शकों की चुनौतियों का समाधान करना चाहिए और समाधान प्रदान करना चाहिए।

जब आप आकर्षित करते हैं, तो आप अजनबियों को आगंतुकों में बदल रहे हैं। इस स्तर पर उपभोक्ता अपनी चुनौतियों की पहचान कर रहे हैं और यह तय कर रहे हैं कि क्या उन्हें समाधान तलाशना चाहिए। इसलिए, आपके द्वारा बनाए गए वीडियो को उनकी समस्याओं के साथ सहानुभूति होनी चाहिए और आपके उत्पाद या सेवा के साथ एक संभावित समाधान पेश करना चाहिए। इस तरह के वीडियो का लक्ष्य पहुंच का विस्तार करना और विश्वास का निर्माण करना है। क्योंकि आप अपने वीडियो के लिए शेयर बटोरना चाहते हैं, आप मनोरंजक और भावनाओं को जगाने पर ध्यान केंद्रित करना चाह सकते हैं। विषय पर अधिकार स्थापित करने के लिए पर्याप्त जानकारी प्रदान करना भी महत्वपूर्ण है।

• आपके ब्रांड के व्यक्तित्व को दिखाने वाले लघु वीडियो
• विचार नेतृत्व वीडियो जो आपके नेताओं को दिखाते हैं, वे उद्योग समाचार और अंतर्दृष्टि के स्रोत हैं
• ब्रांड फिल्में जो आपके मूल्यों और मिशन को साझा करती हैं
• व्याख्याकार और कैसे-करें वीडियो जो आपके दर्शकों के दर्द बिंदु को हल करने के लिए प्रासंगिक सुझाव प्रदान करते हैं

जैसे ही आप नए दर्शकों को आकर्षित करते हैं, अपने उत्पाद के बारे में बहुत अधिक बोलने से बचें। इसके बजाय, अपने ब्रांड मूल्यों और व्यक्तित्व को केंद्र स्तर पर ले जाने दें। चूंकि ये वीडियो विभिन्न चैनलों पर लाइव हो सकते हैं, इसलिए प्रत्येक प्लेटफॉर्म की रणनीतियों को ध्यान में रखें। वीडियो और सोशल मीडिया प्लेटफॉर्म का यह अवलोकन मदद कर सकता है।

एक बार जब आप वीडियो दर्शकों और वेबसाइट विज़िटर को आकर्षित कर लेते हैं, तो इन विज़िटर को लीड में बदलने का समय आ गया है। अधिकांश इनबाउंड मार्केटिंग सामग्री के

साथ, इसका अर्थ है एक फॉर्म के साथ संपर्क जानकारी एकत्र करना।वीडियो खरीदार की समस्या के समाधान की पेशकश करके इस प्रक्रिया में सहायता कर सकता है। कन्वर्ट स्टेज में वीडियो का लक्ष्य शिक्षित और उत्साहित करना है।

• सामरिक सलाह से भरा एक वेबिनार
• ईमेल द्वारा भेजे गए उत्पाद डेमो
• लैंडिंग पृष्ठ प्रचार वीडियो
• मामले का अध्ययन
• गहन व्याख्याकार और कैसे-कैसे वीडियो

उदाहरण के लिए, जबकि एक "आकर्षित" वीडियो एक बिक्री पिच को बेहतर बनाने के लिए एक त्वरित टिप प्रदान कर सकता है, एक "कन्वर्ट" वीडियो एक एनिमेटेड व्याख्याता वीडियो हो सकता है जो इनबाउंड बिक्री पद्धति को तोड़ता है।

आपने अपने वीडियो से नए दर्शकों को आकर्षित किया है और सही विज़िटर को लीड में परिवर्तित किया है। अब इन लीड को ग्राहकों में बंद करने का समय आ गया है। इस बिंदु पर, उपभोक्ता अपने विकल्पों का वजन कर रहा है और खरीद पर निर्णय ले रहा है। तो इन वीडियो का लक्ष्य आपके दर्शकों को आपके उत्पाद या सेवा का सफलतापूर्वक उपयोग करके खुद की कल्पना करना है। वहाँ एक कारण है कि 88% विपणक वीडियो के साथ सकारात्मक आरओआई रिपोर्ट करते हैं। वीडियो बता सकते हैं कि कोई उत्पाद कैसे काम करता है और भावनाओं को ऐसे तरीके से ट्रिगर करता है जैसे उत्पाद विवरण नहीं कर सकता।

• संबंधित कहानियों वाले ग्राहकों के प्रशंसापत्र
• गहन उत्पाद डेमो
• संस्कृति वीडियो जो दर्शकों को आपकी सेवा की गुणवत्ता के आधार पर बेचते हैं
• वैयक्तिकृत वीडियो जो स्पष्ट रूप से बताते हैं कि आपका उत्पाद उनके व्यवसाय को कैसे मदद कर सकता है

आपने एक बिक्री बंद कर दी है, लेकिन वीडियो आपके चक्का के रूपांतरण के बाद के चरण को भी सुधार सकता है। इनबाउंड कार्यप्रणाली के "प्रसन्नता चरण" के दौरान, आपका लक्ष्य उपयोगकर्ताओं को उल्लेखनीय सामग्री प्रदान करना जारी रखना है जो आपके उत्पाद या सेवा के साथ उनके अनुभव में मूल्य जोड़ते हैं। आप यह भी चाहते हैं कि आपके ग्राहक अपने अनुभव के बारे में अपने कनेक्शन बताएं या स्वयं अपने ब्रांड का प्रचार करें। इसलिए, इस प्रकार के वीडियो का लक्ष्य आपके ग्राहकों को आपके ब्रांड को अपनाने और ब्रांड प्रचारक बनने के लिए प्रोत्साहित करना है। प्रसन्नता का आपका पहला अवसर सीधे खरीदारी के बाद आता है। समुदाय में उनका स्वागत करने के लिए धन्यवाद वीडियो भेजने पर विचार करें।

ऑनबोर्डिंग वीडियो भी भेज सकते हैं ताकि उन्हें उनकी नई खरीदारी के लिए प्रेरित किया जा सके। फिर, उन उपभोक्ताओं को पूरा करने के लिए शैक्षिक पाठ्यक्रमों या उत्पाद प्रशिक्षण वीडियो की एक लाइब्रेरी बनाएं जो स्वयं-सेवा पसंद करते हैं या बस अपनी क्षमताओं का विस्तार करना चाहते हैं। जैसे-जैसे आप अपनी वीडियो मार्केटिंग रणनीति विकसित करते हैं, वैसे-वैसे अन्य प्रकार के मार्केटिंग वीडियो भी होते हैं जिन्हें आप चक्का के हर चरण के लिए बना सकते हैं।

2
वीडियो मार्केटिंग क्या है?

एक सफल वीडियो मार्केटिंग रणनीति की योजना बनाना

एक उत्कृष्ट वीडियो मार्केटिंग रणनीति विकसित करने के लिए, आपको निम्नलिखित चरणों को ध्यान में रखना होगा:

अपने लक्ष्यों को परिभाषित करें

यह जानने के लिए कि क्या आपने वास्तव में वह हासिल किया है जिसे आपने अपनी वीडियो मार्केटिंग रणनीति के साथ हासिल करने के लिए निर्धारित किया है, आपको ऐसे लक्ष्य निर्धारित करने चाहिए जो मापने योग्य हों।

कंडक्टर सामग्री खुफिया मंच है, जो अनुशंसा करता है कि विपणन उद्देश्यों को राजस्व और आपके ब्रांड दोनों के लिए विस्तृत किया जाए।

राजस्व लक्ष्य संभावित ग्राहकों से बढ़ती पूछताछ जैसी चीजों पर ध्यान केंद्रित करते हैं, और ब्रांड लक्ष्यों में उच्च गुणवत्ता वाली ईमेल सूची विकसित करने या अधिक ब्लॉग ट्रैफ़िक बनाने जैसी चीज़ें शामिल होती हैं।

एक मिशन वक्तव्य बनाएँ

सामग्री विपणन संस्थान के संस्थापक का सुझाव है कि आप अपनी सामग्री विपणन रणनीति को "मिशन स्टेटमेंट" के साथ शुरू करें।

आपका मिशन निम्नलिखित का उत्तर देने वाला एक सामान्य एक-पंक्ति विवरण होना चाहिए:

- आप किस तरह का वीडियो बनाने की योजना बना रहे हैं?
- आप वह सामग्री किसके लिए बनाते हैं?
- और आपके दर्शकों को आपके वीडियो से क्या मिलना चाहिए?

अपने लक्षित दर्शकों को परिभाषित करें

आपके वीडियो को वह सफलता प्राप्त करने के लिए जो आप चाहते हैं, सबसे पहले यह महत्वपूर्ण है कि आप यह जान लें कि वास्तव में इसकी सामग्री को देखने में कौन रुचि रखता

है।

एक उद्देश्य दर्शकों को परिभाषित करना, यह सीखना कि उन्हें क्या चाहिए, उन्हें क्या पसंद है और उनकी कमजोरियां क्या हैं, यह जानने से आपको दर्शकों के साथ संबंध बनाने वाली वीडियो सामग्री बनाने में बहुत मदद मिलेगी।

कोई फर्क नहीं पड़ता कि आप किस कंपनी में हैं, बस यह पहचानें कि आपके लक्ष्य अलग होंगे।

जब आपके लक्षित दर्शकों की बात आती है, तो अधिक विशिष्ट, बेहतर।

तय करें कि आप किस प्रकार के वीडियो बनाएंगे

इससे पहले कि आप अंदर आएं और रिकॉर्डिंग शुरू करें, आपको जांच करनी चाहिए कि आप किस तरह के वीडियो बनाएंगे। इस बारे में सोचें कि आप किस प्रकार की कहानी बताना चाहते हैं, आप इसे वीडियो के माध्यम से सबसे अच्छा कैसे कर सकते हैं, और आपकी कहानी साझा करने के लिए कौन सी शैली और वीडियो के प्रकार सबसे उपयुक्त हैं।

ध्यान रखें कि यह संभव है कि आपके दर्शकों को अपनी यात्रा के अलग-अलग समय पर विभिन्न प्रकार के वीडियो और संदेशों की आवश्यकता हो।

जब आप शुरू करते हैं, तो यह निर्धारित करने के लिए कि क्या काम करता है और क्या नहीं, कुछ शैलियों और वीडियो के प्रकार चुनें।

बजट सेट करें

आपकी योजना पहले से स्थापित होने के बाद, यह महत्वपूर्ण है कि आप सोचें कि आपको किस प्रकार के वीडियो बजट के साथ काम करना होगा।

ये कुछ सवाल हैं जो आपको खुद से पूछने चाहिए ताकि आपको अंदाजा हो जाए कि आपको कितना निवेश करने की जरूरत है।

आप किस तरह के वीडियो बनाना चाहते हैं?

आपका बजट इस बात पर निर्भर करेगा कि आप अपनी वीडियो रणनीति में किस प्रकार के प्रोजेक्ट का वर्णन करते हैं। आपकी वित्तीय स्थिति अक्सर आपके द्वारा खोजे जा सकने वाले रचनात्मक तरीकों को निर्धारित करेगी।

क्या आप आंतरिक रूप से वीडियो बनाएंगे या उन्हें किसी बाहरी प्रोडक्शन कंपनी को आउटसोर्स करेंगे?

यदि आप आंतरिक रूप से वीडियो बनाने की योजना बना रहे हैं, तो आपको यह सोचना चाहिए कि उन्हें बनाने के लिए कौन जिम्मेदार होगा।

आपको किस वीडियो उपकरण या वीडियो मार्केटिंग सॉफ्टवेयर की आवश्यकता होगी?

यदि आप एक पारंपरिक पेशेवर वीडियो बनाने जा रहे हैं, तो निम्नलिखित उपकरणों पर विचार करें:

- तिपाई
- वीडियो कैमरा

- स्टेबलाइजर
- प्रकाश व्यवस्था के उपकरण
- संपादन सॉफ्टवेयर

यदि इसके बजाय आप अपने स्मार्टफोन का उपयोग करते हैं, तो निम्नलिखित पर विचार करें:

- क्लिप लाइट
- प्रकाश किट
- तिपाई
- स्टेबलाइजर
- लेंस
- माइक्रोफ़ोन
- ऐप या सॉफ्टवेयर का संपादन

क्या आप अभिनेताओं को काम पर रखना चाहते हैं?

याद रखें कि पेशेवर अभिनेताओं को काम पर रखने से आपके वीडियो बनाने की लागत बढ़ जाएगी।

जिम्मेदारियां स्थापित करें

भले ही आप अपने वीडियो के उत्पादन को कैसे संचालित करें, यह निर्धारित करना सुनिश्चित करें:

- रचनात्मक अवधारणाओं और स्टोरीबोर्ड के लिए जिम्मेदार व्यक्ति कौन है?
- स्क्रिप्ट कौन लिखता है?
- सामग्री बनाने के लिए कौन जिम्मेदार है?
- वीडियो सत्र के रसद का आयोजन कौन करता है?
- वीडियो की रिकॉर्डिंग और संपादन कौन करता है?
- तैयार वीडियो को वितरित करने के लिए कौन जिम्मेदार है?

परिभाषित करें कि आप अपना वीडियो कहाँ संग्रहीत करेंगे

आपको यह निर्धारित करना होगा कि आपके वीडियो वेब पर और आपकी साइट पर कहां रहेंगे।

निम्नलिखित चैनलों पर विचार करें जिनमें शामिल हैं:

- आपकी वेबसाइट पर विभिन्न पृष्ठ
- इनबाउंड मार्केटिंग अभियान
- ईमेल मार्केटिंग अभियान
- सोशल मीडिया चैनल
- यूट्यूब

अपने परिणामों को मापें

जिस तरह आप लिखित सामग्री के लिए प्रमुख प्रदर्शन संकेतकों पर नज़र रखते हैं, उसी तरह आपको अपने वीडियो के जुड़ाव डेटा का उत्पादन, प्रकाशन और फिर जाँच करनी चाहिए। इस तरह आप वीडियो में अपने निवेश को सही ठहरा सकते हैं और इस तरह समझ सकते हैं कि क्या अच्छा प्रदर्शन कर रहा है।

एक बार जब आप लॉजिस्टिक्स स्थापित कर लेते हैं, तो आप यह निर्धारित कर सकते हैं कि आपकी वीडियो सामग्री आपके उद्देश्यों तक कैसे पहुंच रही है।

वीडियो मार्केटिंग क्या है?

सोशल नेटवर्क पर वीडियो सबसे अच्छे टूल में से एक है जिसका उपयोग हम बड़े पैमाने पर उपयोगकर्ताओं तक पहुंचने के लिए कर सकते हैं, क्योंकि उनमें से एक चीज जो उन्हें सबसे अच्छी लगती है वह है वीडियो देखना।

वीडियो मार्केटिंग एक मार्केटिंग पद्धति है जहां किसी सेवा, ब्रांड या उत्पाद को प्रचारित और विपणन करने के लिए ऑडियो विजुअल समर्थन का उपयोग किया जाता है।

वीडियो मार्केटिंग भी इस पद्धति का उपयोग अपने सामाजिक, डिजिटल चैनलों में भागीदारी को व्यापक बनाने, अपने उपभोक्ताओं और ग्राहकों को सिखाने और एक नए माध्यम के साथ अपने दर्शकों तक पहुंचने के लिए कर रही है।

आपको अपने व्यवसाय में वीडियो का उपयोग क्यों करना चाहिए?

सोशल नेटवर्क पर लाखों उपयोगकर्ताओं द्वारा देखी जाने वाली चीजों में से एक वीडियो है, और इस कारण से, यह किसी ब्रांड या उत्पाद को प्रकाशित करने के सर्वोत्तम तरीकों में से एक है।

अध्ययनों के अनुसार, 50% से अधिक उपभोक्ता ब्रांड वीडियो देखना चाहते हैं, और अन्य सामग्री देखने के लिए इस पद्धति को पसंद करते हैं।

वीडियो न केवल मनोरंजन का काम करता है, लैंडिंग पृष्ठ पर एक वीडियो रूपांतरण दरों को 80% से अधिक बढ़ा सकता है, ईमेल की विषय पंक्ति में वीडियो शब्द का सरल संदर्भ खुली दरों को 19% तक बढ़ा देता है।

वीडियो रिकॉर्ड करना शुरू करने से पहले आपको यह परिभाषित करना होगा कि आप किस प्रकार का वीडियो बनाना चाहते हैं। यहाँ विकल्प हैं:

डेमो वीडियो

ये वीडियो दिखाने जा रहे हैं कि आपका उत्पाद कैसे काम करता है, क्या यह जनता को अपने सॉफ़्टवेयर का पता लगाने के लिए प्रेरित करना है और इसका उपयोग कैसे किया जा सकता है या किसी भौतिक उत्पाद को कैसे विकसित और परीक्षण किया जा सकता है। डेमो वीडियो दिखाते हैं कि आपका उत्पाद कैसे काम करता है — चाहे वह दर्शकों को आपके सॉफ़्टवेयर के दौरे पर ले जा रहा हो या अनबॉक्सिंग कर रहा हो और किसी वास्तविक उत्पाद का परीक्षण कर रहा हो।

ब्रांडेड वीडियो

ब्रांड वीडियो आमतौर पर एक बड़े विज्ञापन अभियान के हिस्से के रूप में बनाए जाते हैं , जो कंपनी के दृष्टिकोण, मिशन या उत्पादों और सेवाओं को प्रदर्शित करते हैं। ब्रांड वीडियो का लक्ष्य आपकी कंपनी के बारे में जागरूकता पैदा करना और अपने लक्षित दर्शकों को आकर्षित करना और आकर्षित करना है।

एक घटना के वीडियो

यदि आपकी कंपनी एक सम्मेलन, एक अनुदान संचय या किसी अन्य प्रकार के आयोजन का आयोजन करने जा रही है, तो एक ऐसी रील बनाएं जो आकर्षक हो या बैठक के आकर्षक साक्षात्कारों और प्रस्तुतियों का प्रसार करे।

अपने उद्योग में आंतरिक विशेषज्ञों या विचारशील नेताओं के साथ साक्षात्कार कैप्चर करना अपने लक्षित दर्शकों के साथ विश्वास और अधिकार बनाने का एक शानदार तरीका है। अपने उद्योग में प्रभावशाली लोगों को खोजें और इन चर्चाओं को अपने दर्शकों के सामने रखें। ऊपर दिया गया वीडियो केवल सतह-स्तरीय साक्षात्कार से कहीं अधिक है, यह उद्योग के विशेषज्ञों के साथ दर्शकों के लिए ठोस टेकअवे की पेशकश के साथ एक गहरा गोता है। अपने साक्षात्कार के साथ सामरिक होने से डरो मत - आपके दर्शकों को आपकी कड़ी मेहनत से बढ़ेगा।

विशेषज्ञ साक्षात्कार

दर्शकों के साथ विश्वास और अधिकार बनाने के सर्वोत्तम तरीकों में से एक है अपने उद्योग में आंतरिक विशेषज्ञों या राय नेताओं का साक्षात्कार करना।

शैक्षिक या निर्देशात्मक वीडियो

आप इस प्रकार के वीडियो का उपयोग अपने दर्शकों को किसी ऐसी चीज़ के बारे में बताने के लिए कर सकते हैं जिसके बारे में वे नहीं जानते हैं या आपके व्यवसाय और उसके समाधानों को बेहतर ढंग से समझने के लिए आवश्यक ज्ञान विकसित कर सकते हैं।

व्याख्यात्मक वीडियो

इस प्रकार के वीडियो का उपयोग आपके दर्शकों को अधिक स्पष्ट रूप से समझने में मदद करने के लिए किया जाता है ताकि आपके उत्पाद या सेवा की आवश्यकता हो।

एनिमेटेड वीडियो

ये वीडियो उन अवधारणाओं के लिए एक उत्कृष्ट प्रारूप हो सकते हैं जिन्हें समझना जटिल है और जिन्हें अमूर्त सेवा या उत्पाद को प्रदर्शित करने के लिए मजबूत छवियों की आवश्यकता होती है।

केस स्टडी और ग्राहक प्रशंसापत्र के वीडियो

आपके ग्राहक आश्वस्त करना चाहते हैं कि आपका उत्पाद उनकी समस्याओं का समाधान कर सकता है। और इसे सत्यापित करने के सर्वोत्तम तरीकों में से एक ग्राहक प्रशंसापत्र के केस स्टडी वीडियो के निर्माण के माध्यम से है जो उनके संतुष्ट और वफादार ग्राहकों को दिखाते हैं।

जीवन वीडियो

यह अपने दर्शकों को उनकी कंपनी की एक विशेष और परदे के पीछे की दृष्टि प्रदान करता है; यह अधिक व्यापक प्रसारण और उच्च भागीदारी दरों को भी कैप्चर करता है। 360° और वर्चुअल रियलिटी वीडियो। इस प्रकार का वीडियो दर्शकों को वीडियो सामग्री को सभी कोणों से देखने की अनुमति देता है, जैसे कि वे वास्तव में सामग्री के भीतर भौतिक रूप से खड़े थे।

संवर्धित वास्तविकता (एआर) वीडियो

इस प्रकार के वीडियो में, आप जो देख रहे हैं उसमें एक डिजिटल परत शामिल की जाती है। उदाहरण के लिए, आप अपने कैमरे को रसोई पर केंद्रित कर सकते हैं और एआर आपको यह देखने की अनुमति देता है कि अंतरिक्ष में आपकी रसोई कैसी दिखेगी।

कस्टम संदेश

यह वीडियो ईमेल या टेक्स्ट मैसेजिंग द्वारा किसी से बात करना या जवाब देना जारी रखने के सबसे रचनात्मक तरीकों में से एक हो सकता है। लूम का उपयोग करें ताकि आप अपने आप को एक महत्वपूर्ण बैठक का सारांश प्रस्तुत करते हुए या व्यक्तिगत सुझाव देते हुए रिकॉर्ड कर सकें।

सर्वाधिक लोकप्रिय वीडियो साझा करने वाली साइटें

आप अपने विचारों को अपने उपयोगकर्ताओं के साथ साझा करने के लिए पहले से ही तैयार हैं, यहां आपके पास अपने वीडियो साझा करने के कई विकल्प हैं और आपके उपयोगकर्ता उनका आनंद लेना शुरू कर सकते हैं।

यूट्यूब

यह दुनिया का सबसे बड़ा वीडियो होस्टिंग प्लेटफॉर्म है, यह गूगल के बाद दूसरा सबसे बड़ा प्लेटफॉर्म है और दुनिया भर में सबसे लोकप्रिय वेबसाइट है।

वीमियो

यह दुनिया के सबसे बड़े वीडियो को होस्ट करने वाला दूसरा प्लेटफॉर्म है। इसके प्रति माह 715 मिलियन विज़िट होते हैं। Vimeo YouTube से काफी छोटा है, लेकिन इसके कई लाभ हैं जो इसे रचनाकारों और सामग्री दर्शकों के बीच पसंदीदा बनाते हैं।

विद्यार्ड

यह विशेष रूप से कंपनियों के लिए बनाए गए वीडियो होस्ट करने का एक मंच है। यह न केवल आपको वीडियो सहेजने का विकल्प देता है, बल्कि यह आपको पूरी तरह से वीडियो-सक्षम व्यवसाय में बदलने की भी अनुमति देता है।

3

अपना मार्केटिंग वीडियो चरण दर चरण बनाना

यह कोई रहस्य नहीं है कि व्यवसाय और जो कोई भी उस मामले के लिए ऑनलाइन पैसा कमाना चाहता है, उसे अब अपनी खुद की वीडियो मार्केटिंग रणनीतियों की आवश्यकता है। इस पाठ से शुरू करते हुए, हम आपको उन सभी चरणों के बारे में बताने जा रहे हैं, जो आपको लंबे समय तक सफलता के लिए अपने व्यवसाय को विकसित करने के लिए एक प्रभावी वीडियो मार्केटिंग योजना तैयार करने के लिए उठाने होंगे! उसके लिए, हमें मूल बातों से शुरुआत करनी होगी, और इस पाठ में हम आपको सिखाएंगे कि कैसे एक मार्केटिंग वीडियो को सही तरीके से, कदम से कदम मिलाकर बनाया जाए।

मार्केटिंग वीडियो चेकलिस्ट बनाना

हालांकि यह सच है कि इन दिनों एक सक्षम वीडियो रिकॉर्ड करने के लिए केवल एक सक्षम सेल फोन की आवश्यकता होती है, यह महत्वपूर्ण है कि आप शुरू से ही इसे "सही" करें, क्योंकि आपके ब्रांड की प्रासंगिकता इस बात पर निर्भर करती है कि आप दर्शकों का निर्माण करते समय क्या प्रभाव डालते हैं। संभावित ग्राहकों की।

इसलिए इससे पहले कि आप अपना पहला मार्केटिंग वीडियो शूट करने के बारे में सोचें, हम अनुशंसा करते हैं कि आप सुनिश्चित करें कि ये चीज़ें तैयार हैं:

मैं उपकरण: सुरक्षा उपकरण कुछ लोगों के लिए वीडियो मार्केटिंग का सबसे तनावपूर्ण हिस्सा है, लेकिन यह भारी नहीं होना चाहिए। यहां आपको वॉयस ओवर रिकॉर्ड करने के लिए कैमरा और माइक की सुरक्षा पर ध्यान देना होगा।

कैमरे के लिए, हम अनुशंसा करते हैं कि आप अपने स्वयं के स्मार्टफोन का उपयोग करें। सुनिश्चित करें कि आपके स्मार्टफोन का कैमरा 8 से 13 पिक्सल के बीच है, और यह 24 से 30 फ्रेम प्रति सेकंड पर रिकॉर्ड करने में सक्षम है। हमारी अतिरिक्त सलाह यह है कि आप अपने फोन के लिए एक तिपाई खरीदें, जो आपको अस्थिर शॉट में मदद करने में मदद करेगा!

√ **प्रतिभा :** आपके मार्केटिंग वीडियो में कौन अभिनय करेगा? आपको उन लोगों को इकट्ठा करना होगा जो आपके वीडियो में आपके ब्रांड का प्रतिनिधित्व करेंगे। यदि संभव हो, तो किसी एक व्यक्ति को रखें जिससे दर्शक संबंधित हो सके।

जहां तक वॉयस ओवर टैलेंट का सवाल है, आप खुद को रिकॉर्ड कर सकते हैं, या अपनी टीम में किसी से ऐसा करवा सकते हैं, लेकिन अगर यह कोई विकल्प नहीं है, तो आप Fiverr.com जैसी जगहों पर हमेशा अच्छी, किफायती वॉयस ओवर टैलेंट हायर कर सकते हैं।

मैं सेटिंग : यह महत्वपूर्ण है कि आप अपने मार्केटिंग वीडियो की सेटिंग तैयार करें। अपने वीडियो रिकॉर्ड करने के लिए जगह सुरक्षित करते समय आपको जिन बातों पर ध्यान देना चाहिए, वे हैं पर्याप्त बिजली, और विभिन्न कोणों से शूटिंग के लिए पर्याप्त जगह।

इसके अलावा, आपको एक सतह को सुरक्षित करना होगा जिसे आप हरे रंग की स्क्रीन के रूप में उपयोग कर सकते हैं, साथ ही साथ स्टैंड भी हैं जिसका उपयोग आप अपने कैमरों, अपनी मुख्य रोशनी और अपनी पिछली रोशनी को रखने के लिए कर सकते हैं।

सॉफ्टवेयर: अंत में, आपको वह सॉफ्टवेयर तैयार करना होगा जिसका उपयोग आप अपने अंतिम वीडियो को संपादित करने और बनाने के लिए करेंगे। इस उद्देश्य के लिए मुफ्त और सशुल्क दोनों तरह के सॉफ्टवेयर की पर्याप्त विविधता उपलब्ध है। हमारी सिफारिशों में लाइट वर्क्स, ऐप्पल की आईमूवी और एडोब प्रीमियर प्रो शामिल हैं।

अपना मार्केटिंग वीडियो बनाना

अपने वीडियो की योजना बनाएं

रिकॉर्डिंग सेट करने से पहले आपको इस बात का स्पष्ट अंदाजा होना चाहिए कि आपका वीडियो कैसा होगा। इसमें यह समझना शामिल है कि आप जिस ब्रांड, उत्पाद या सेवा का प्रचार करेंगे, उसकी व्याख्या कैसे करें, यह निर्धारित करें कि आपके लक्षित दर्शक कौन हैं, यह परिभाषित करना कि आपके वीडियो का लक्ष्य क्या है, जैसे बिक्री करना या प्रसार बढ़ाना, बजट को परिभाषित करना, उत्पादन की आवश्यकताएं, और उत्पादन से रिलीज तक की समयरेखा।

स्क्रिप्ट योर वीडियो

एक बार जब आप अपने वीडियो और अभियान के सभी पहलुओं को परिभाषित कर लेते हैं, तो आपको एक स्क्रिप्ट बनानी होगी। यह प्रक्रिया एक ब्लॉग पोस्ट तैयार करने के समान है, मुख्य अंतर यह है कि स्क्रिप्ट में वास्तव में एक आवाज और सेटिंग होती है! मार्केटिंग वीडियो और उनके तार्किक क्रम में मुख्य बिंदुओं की रूपरेखा तैयार करें, फिर उन्हें एक अलग दस्तावेज़ में एक स्क्रिप्ट के रूप में प्रारूपित करना शुरू करें।

यह महत्वपूर्ण है कि आप वीडियो के पहले भाग को एक अलग इकाई के रूप में ड्राफ्ट करें। यह आपको पहले 5 से 6 सेकंड के वीडियो के लिए "हुक" बनाने की अनुमति देगा। सामान्य तौर पर, स्क्रिप्ट की पहली दो पंक्तियों को दर्शकों का ध्यान आकर्षित करना होता

है। नहीं तो आपके दर्शकों की दिलचस्पी खत्म हो जाएगी. अंत में, यह महत्वपूर्ण है कि आप अपने वीडियो में उपयोग की जाने वाली भाषा पर नज़र रखें। इसे संवादी और तनावमुक्त रखें।

तैयारी और पूर्वाभ्यास

अपने वीडियो के सेट और सेटिंग के लिए सभी को शामिल करें। यहां तक कि अगर यह केवल आप ही हैं, तो यह महत्वपूर्ण है कि आप अपने वीडियो को रिकॉर्ड करने से पहले उसका पूर्वाभ्यास करें।

गोली मारो और संपादित करें

एक बार जब आप रिकॉर्डिंग शुरू करने के लिए तैयार हों, तो इसे करें! यदि आपने पिछले चरणों में सब कुछ ठीक किया है, तो आपका वीडियो रिकॉर्ड करना जल्दी हो जाएगा। फिर, अपने सभी फुटेज तैयार करें, अपने वीडियो में जोड़ने के लिए कुछ अच्छा, कॉपीराइट-मुक्त संगीत ढूंढें और अपना वीडियो संपादित करें।

एक बढ़िया मार्केटिंग वीडियो कैसे बनाएं

सही प्रारूप चुनें

आप सिर्फ एक वीडियो शूट नहीं कर सकते हैं और इसे एक दिन कह सकते हैं। हर दर्शक को मार्केटिंग वीडियो का एक अलग प्रारूप पसंद होता है, और इसका मतलब है कि आपको सही वीडियो चुनना होगा। जिन प्रारूपों पर सबसे अधिक ध्यान दिया जाता है उनमें डेमो वीडियो शामिल हैं, जहां आप दिखाते हैं कि आपका उत्पाद कैसे काम करता है, ब्रांड वीडियो, जहां आप अपनी कंपनी का विस्तृत अवलोकन देते हैं, साक्षात्कार, कैसे-कैसे वीडियो, व्याख्याकर्ता वीडियो जहां आप दर्शकों को नहीं दिखाते हैं कि कैसे अपने उत्पाद या सेवा का उपयोग करने के लिए लेकिन उन्हें इसकी आवश्यकता क्यों है, एनिमेटेड वीडियो, ग्राफिक्स, एनिमेशन और केस स्टडी में।

अपना व्यक्तित्व दिखाएं

वैयक्तिकृत सामग्री पर बहुत अधिक ध्यान दिया जाता है क्योंकि अधिकांश निचे पहले से ही बहुत अधिक संतृप्त हैं। इसलिए अलग होने और अपने व्यक्तित्व का प्रदर्शन करने से आपके मार्केटिंग वीडियो को अलग दिखने में मदद मिलेगी। इसलिए जब आपकी कंपनी उसी प्रकार के उत्पाद या सेवा की पेशकश कर रही है जो अन्य पेशकश कर रहे हैं, तो आप एक अलग आवाज का उपयोग करके इसे बढ़ावा देकर क्षतिपूर्ति करते हैं।

मनोरंजक और शैक्षिक मूल्य प्रदान करें

ऑनलाइन ब्रांड ज्यादातर अपने दर्शकों का निर्माण करते हैं और संभावित ग्राहकों को वे मूल्य प्रदान कर सकते हैं जो वे प्रदान कर सकते हैं।

इसका मतलब है कि आपको ऐसे मार्केटिंग वीडियो बनाने होंगे जो दर्शकों का मनोरंजन और शिक्षित करें। उदाहरण के लिए, यदि आप ऑनलाइन मार्केटिंग प्रशिक्षण बेच रहे हैं, तो आप ऐसे मार्केटिंग वीडियो बना सकते हैं जो दर्शकों को मनोरंजक तरीके से छोटे लक्ष्य प्राप्त

करना सिखाते हैं।

एक खूनी वीडियो शीर्षक की रचना

आपको प्रभावी वीडियो शीर्षक बनाना सीखना होगा जो विभिन्न चैनलों पर आपके वीडियो को बढ़ावा देने में आपकी मदद करें।

सबसे पहले, शीर्षक की शुरुआत में सही वीडियो कीवर्ड जोड़ना महत्वपूर्ण है। वीडियो कीवर्ड कीवर्ड और खोज शब्द हैं जो YouTube और अन्य वीडियो साझाकरण प्लेटफ़ॉर्म पर बहुत अधिक ट्रैफ़िक और जुड़ाव उत्पन्न करते हैं।

अब, ये कीवर्ड आपके द्वारा उत्पादित प्रत्येक मार्केटिंग वीडियो प्रारूप के लिए विशिष्ट हैं, और उनमें शामिल हैं:

कैसे करें

साक्षात्कार _

समीक्षा _

√√स्वास्थ्य संबंधी कीवर्ड

√√ फिटनेस कीवर्ड

एक महान वीडियो शीर्षक का दूसरा रहस्य सही आला कीवर्ड जोड़ना है। इसका मतलब है कि आपको उन कीवर्ड और खोज शब्दों को जोड़ना होगा जो आपके आला में संभावित ग्राहक उन उत्पादों या सेवाओं को खोजने के लिए उपयोग कर रहे हैं जिन्हें वे शोध और खरीदना चाहते हैं।

और इस तरह से आप प्रभावी और परिणामोन्मुखी मार्केटिंग वीडियो बना सकते हैं। बने रहें, क्योंकि हमारे आगामी पाठों में हम आपको दिखाएंगे कि इन वीडियो को कैसे अपलोड, अनुकूलित और प्रचारित किया जाए!

अपने वीडियो को सही जगहों पर अपलोड करना

अरे दोस्तों! अब जब आपने अपना शानदार मार्केटिंग वीडियो बना लिया है, तो इसे अपलोड करने का समय आ गया है जहां लोग इसे देख सकें। आखिरकार, आपके मार्केटिंग वीडियो एक्सपोज़र के लिए हैं!

अब, हम इस बात पर प्रकाश डालना चाहेंगे कि आपको अपना वीडियो सही स्थानों पर अपलोड करना है। यदि आप इसे एक चैनल पर अपलोड करते हैं, तो आप अपने अभियानों की पहुंच को गंभीर रूप से सीमित कर देंगे, और यदि आप इसे हर जगह अपलोड करते हैं, तो आप समय गंवाने और गलत दर्शकों तक पहुंचने का जोखिम उठाते हैं।

इसलिए इस पाठ में हम आपको दिखाने जा रहे हैं कि अपने वीडियो को उन चैनलों पर कैसे अपलोड करें जो वास्तव में महत्वपूर्ण हैं, और हम प्रत्येक चैनल पर वीडियो मार्केटिंग के लाभों पर चर्चा करेंगे।

YouTube पर अपना वीडियो अपलोड करना

आइए स्पष्ट पसंद से शुरू करें। YouTube, इंटरनेट पर अब तक का सबसे बड़ा वीडियो शेयरिंग प्लेटफ़ॉर्म है। यह ग्रह पर दूसरी सबसे अधिक देखी जाने वाली वेबसाइट है, और यह एक खोज इंजन के रूप में भी दोगुनी हो जाती है, क्योंकि वहां अपलोड किए गए वीडियो Google द्वारा भी अनुक्रमित किए जाते हैं!

YouTube पर मार्केटिंग वीडियो अपलोड करने के लिए, आपको बस अपने Google खाते और चैनल में लॉग इन करते हुए साइट पर जाना है, और फिर "वीडियो या पोस्ट बनाएं" आइकन पर क्लिक करना है। इसके बाद, "वीडियो अपलोड करें" टैब पर क्लिक करें। अब "फ़ाइल चुनें" बटन पर क्लिक करें, अपने मार्केटिंग वीडियो का पता लगाएं और इसे अपलोड करना शुरू करने के लिए उस पर डबल-क्लिक करें।

अपलोड होने के दौरान आप अपने वीडियो को कस्टमाइज़ करना शुरू कर सकते हैं। सबसे पहले, वीडियो शीर्षक और फिर वीडियो विवरण दर्ज करें। अब एक थंबनेल चुनें या अपलोड करें। अब चुनें कि क्या वीडियो "बच्चों के लिए बना है" या "यह बच्चों के लिए नहीं बना है"।

अब "अधिक विकल्प" पर क्लिक करें और "टैग" फ़ील्ड में अपने आला कीवर्ड दर्ज करें। अतिरिक्त सेटिंग्स जिन्हें आप कॉन्फ़िगर कर सकते हैं उनमें भाषा, उपशीर्षक, रिकॉर्डिंग दिनांक और स्थान, लाइसेंस वितरण, श्रेणी, और टिप्पणियां और रेटिंग शामिल हैं। इन सेटिंग्स को कॉन्फ़िगर करने के बाद आप "अगला" पर क्लिक कर सकते हैं।

अगली स्क्रीन में आप अन्य सामग्री को बढ़ावा देने के लिए वीडियो तत्व जैसे एंड स्क्रीन या कार्ड जोड़ सकते हैं।

दृश्यता कॉन्फ़िगर करने के लिए अगला क्लिक करें। सबसे पहले, "अभी प्रकाशित करें" टैब पर क्लिक करें और "सार्वजनिक" चुनें। यदि आप अपने वीडियो को बाद की तारीख में प्रकाशित करना चाहते हैं, तो बस "शेड्यूल" टैब पर क्लिक करें और कैलेंडर फ़ंक्शन का उपयोग करके तिथि का चयन करें। अब जब आप अपना वीडियो अपलोड और कॉन्फ़िगर कर चुके हैं, तो समाप्त करने के लिए "प्रकाशित करें" पर क्लिक करें।

अपना वीडियो Vimeo . पर अपलोड करना

Vimeo दूसरी सबसे लोकप्रिय समर्पित वीडियो स्ट्रीमिंग साइट है। 170 मिलियन से अधिक सक्रिय उपयोगकर्ताओं के साथ, यह आपको अपने ब्रांड को अधिक केंद्रित दर्शकों के सामने लाने में मदद करेगा, जो सामग्री पेशेवरों और रचनात्मक प्रकारों के पक्षधर हैं। यह अपने उपयोगकर्ताओं और विज्ञापन-मुक्त अनुभव भी प्रदान करता है, जो एक प्लस है!

अपने वीडियो को Vimeo पर अपलोड करना काफी आसान है। Vimeo की साइट पर जाकर प्रारंभ करें और अपने खाते में लॉगिन करें। इसके बाद, "अपलोड" बटन पर क्लिक करें। अगले पृष्ठ पर, "फ़ाइलें चुनें" बटन पर क्लिक करें, अपने वीडियो का पता लगाएं, और इसे अपलोड करने के लिए उस पर डबल-क्लिक करें।

अब आपके वीडियो को कस्टमाइज़ करने का समय आ गया है। "शीर्षक" फ़ील्ड में शीर्षक दर्ज करके प्रारंभ करें। अब "विवरण" फ़ील्ड में वीडियो विवरण दर्ज करें। अब "गोपनीयता" मेनू बटन पर क्लिक करें, और सुनिश्चित करें कि "कोई भी इस वीडियो को देख सकता है" चुना गया है।

अब "भाषा" मेनू बटन पर क्लिक करें और अपने वीडियो की भाषा चुनें। इसके बाद, "टैग" फ़ील्ड में अपने आला कीवर्ड दर्ज करें। अब "सामग्री रेटिंग" के अंतर्गत "सभी ऑडियंस" चुनें। अंत में, "सहेजें" बटन पर क्लिक करें। और बस!

फेसबुक पर अपना वीडियो अपलोड करना

फेसबुक अभी भी सोशल मीडिया साइटों का राजा है, और ग्रह पर सबसे सक्रिय वेबसाइटों में से एक है। Facebook एल्गोरिथम उन वीडियो पोस्ट को बूस्ट करता है जो प्लेटफ़ॉर्म के मूल निवासी हैं, इसलिए आपका सबसे अच्छा विकल्प उन्हें अन्य स्रोतों से साझा करने के बजाय उन्हें अपलोड करना है।

ऐसा करने के लिए, अपने फेसबुक अकाउंट पर जाएं और "क्रिएट पोस्ट" सेक्शन में स्थित "फोटो / वीडियो" बटन पर क्लिक करें। इसके बाद, अपने मार्केटिंग वीडियो का पता लगाएं और उसे अपलोड करने के लिए उस पर डबल-क्लिक करें।

अब "इस वीडियो के बारे में कुछ कहें" फ़ील्ड में वीडियो का वर्णन करने के लिए एक कैप्शन जोड़ें, और फिर "पोस्ट" बटन पर क्लिक करें। और बस!

ट्विटर पर अपना वीडियो अपलोड करना

ट्विटर सबसे आकर्षक सोशल मीडिया साइटों में से एक है जो मौजूद है । यदि आपका लक्ष्य अपने ब्रांड के संपर्क को बढ़ावा देना और वायरल होना है, तो आप ट्विटर के साथ गलत नहीं कर सकते।

अपने मार्केटिंग वीडियो को ट्विटर पर अपलोड करने के लिए, बस अपने खाते में जाएं, और "ट्वीट लिखें" आइकन पर क्लिक करें। इसके बाद, गैलरी आइकन पर क्लिक करें। अब अपना वीडियो खोजें, और अपलोड करने के लिए उस पर डबल क्लिक करें।

इसके बाद टेक्स्ट फील्ड में अपने वीडियो का टाइटल और डिस्क्रिप्शन ऐड करें। सुनिश्चित करें कि आपका शीर्षक और विवरण 280 वर्णों से अधिक का नहीं है। अंत में, अपना वीडियो पोस्ट करने के लिए "ट्वीट" पर क्लिक करें!

Instagram पर अपलोड करना

Instagram इंटरनेट की पसंदीदा दृश्य खोज वेबसाइट है, और दुनिया भर के वीडियो विपणक की पसंद है क्योंकि Instagram उपयोगकर्ता छवियों और वीडियो के लिए वहां जाते हैं।

इंस्टाग्राम पर वीडियो अपलोड करने के लिए, अपने अकाउंट में लॉग इन रहते हुए ऐप पर जाएं और "प्लस" आइकन पर टैप करें। इसके बाद, अपनी गैलरी से अपना मार्केटिंग वीडियो खोजें और चुनें, फिर "अगला" पर टैप करें।

अब Instagram के संपादन विकल्पों का उपयोग करके अपने वीडियो को अनुकूलित करें, और जारी रखने के लिए "अगला" पर टैप करें। निम्न स्क्रीन पर, टेक्स्ट फ़ील्ड में अपना कैप्शन दर्ज करें, और फिर "शेयर" पर टैप करें। और बस!

अपना वीडियो टिकटॉक पर अपलोड करना

टिकटोक सबसे नया वीडियो डिस्कवरी ऐप है, और अब यह दुनिया भर के सोशल मीडिया यूज़र्स के बीच काफी लोकप्रिय है।

यह आपके जैसे विपणक के लिए भी एक महान मंच है, क्योंकि यह आपको अपने ब्रांड को एक पागल बड़े दर्शकों के सामने लाने की अनुमति देता है।

अपने मार्केटिंग वीडियो को TikTok पर अपलोड करने के लिए, अपने अकाउंट में लॉग इन रहते हुए ऐप को खोलें। इसके बाद, "प्लस" आइकन पर टैप करें। अब "गैलरी" आइकन पर टैप करें, अपने मार्केटिंग वीडियो का पता लगाएं और इसे चुनने के लिए उस पर टैप करें। अब निम्न स्क्रीन पर संकेत दिए जाने पर "अगला" बटन पर क्लिक करें।

अब अपने वीडियो का शीर्षक और कैप्शन "अपने वीडियो का वर्णन करें" फ़ील्ड में दर्ज करें। प्रत्येक कीवर्ड से पहले एक हैश प्रतीक जोड़ना सुनिश्चित करें, और फिर इसे अपलोड करने के लिए "पोस्ट" पर टैप करें!

और यह है मेरे दोस्तों! अब जब आप जानते हैं कि अपने मार्केटिंग वीडियो को हर शीर्ष प्लेटफॉर्म पर कैसे अपलोड किया जाए, तो आपके लिए यह सीखने का समय है कि इसे सही तरीके से कैसे बढ़ावा दिया जाए। बने रहें!

4

वीडियो का विज्ञापन मुफ़्त तरीके से कैसे करें

आपने अभी-अभी आकर्षक मार्केटिंग वीडियो बनाना और अपलोड करना सीखा है, जिनकी डिलीवरी की गारंटी है, लेकिन यह सिर्फ एक कदम है। इसके बाद, आपको यह सीखना होगा कि परिणाम प्राप्त करने के लिए अपने वीडियो का विज्ञापन कैसे करें।

आपके वीडियो का विज्ञापन करने के दो तरीके हैं: फ्रीवे और सशुल्क तरीका। अपने वीडियो का निःशुल्क प्रचार करना आपके अभियानों की ऑर्गेनिक पहुंच को बढ़ाने का एक शानदार तरीका है।

अपने वीडियो का सशुल्क तरीके से प्रचार करना बहुत सारे ट्रैफ़िक उत्पन्न करने और अपने इच्छित परिणाम प्राप्त करने का एक प्रभावी तरीका है।

इस पाठ में, हम आपको यह दिखाने जा रहे हैं कि अपने वीडियो को फ्रीवे में विज्ञापित करने के लिए सिद्ध रणनीतियों को कैसे लागू किया जाए। क्या आप शुरू करने के लिए तैयार हैं? हाँ? तो चलिए यह करते हैं!

उच्च-यातायात मंचों पर अपने वीडियो का विज्ञापन करें

उच्च-ट्रैफ़िक फ़ोरम और सहायता साइटों पर अपने वीडियो का विज्ञापन करना एक शीर्ष वीडियो मार्केटिंग रणनीति है जो हर बार काम करती है। आपको बस उन जगहों को ढूंढना है जहां आपके दर्शक मदद के लिए जाते हैं और वहां अपना वीडियो पोस्ट करते हैं।

हम दो शीर्ष साइटों की अनुशंसा करते हैं: reddit और Quora।

आइए रेडिट पर शुरू करते हैं। सबसे पहले, reddit.com पर reddit के होमपेज पर जाएँ। अगले चरणों को जारी रखने से पहले सुनिश्चित करें कि आप अपने खाते में लॉग इन हैं!

अब आप जो करने जा रहे हैं, वह है अपने आला में एक सबरेडिट की तलाश करना। सबसे पहले, "खोज" बार में अपना आला कीवर्ड या खोज शब्द दर्ज करें।

ठीक है, अब शीर्ष परिणामों पर एक नज़र डालें। एक सबरेडिट चुनें जो आपके द्वारा अभी दर्ज किए गए कीवर्ड या खोज शब्द से मेल खाता हो। अब सबरेडिट के नाम पर क्लिक करके अंदर की पोस्ट चेक करें।

अब आप उन पोस्टों को ढूँढ़ने का काम करेंगे जहाँ उपयोगकर्ता कोई प्रश्न पूछते हैं या आपके मार्केटिंग वीडियो से संबंधित किसी विषय पर चर्चा करते हैं। इस तरह आप अपनी प्रतिक्रिया के हिस्से के रूप में अपने वीडियो के लिंक के साथ उस पोस्ट पर एक उत्तर सबमिट कर सकते हैं। यह आपके वीडियो पर मुफ़्त, प्रासंगिक ट्रैफ़िक चलाने में आपकी सहायता करेगा!

आइए अब Quora.com पर चलते हैं। जारी रखने से पहले सुनिश्चित करें कि आप लॉग इन हैं। अब अपना आला कीवर्ड "खोज Quora" फ़ील्ड में दर्ज करें। अब परिणाम जांचें, और अपने कीवर्ड के लिए "विषय" पर क्लिक करें।

एक बार परिणाम पृष्ठ पर, "उत्तर" टैब पर क्लिक करें। अब अपने मार्केटिंग वीडियो से संबंधित एक प्रश्न खोजें, और "उत्तर" पर क्लिक करें। ठीक है, तो Quora से ट्रैफ़िक और जुड़ाव प्राप्त करने का रहस्य यह है कि आप अपने पसंद के विषय में प्रश्न का एक उपयोगी और प्रासंगिक उत्तर प्रदान करें।

अधिमानतः, 200 शब्दों तक के संक्षिप्त-फ़ॉर्म उत्तर के साथ उत्तर दें, और उत्तर के अंत में अपना वीडियो अपलोड करें। ऐसा करने से आपको अपने उत्तर को Quora Digest पर दिखाने में मदद मिल सकती है, जो कि एक Quora न्यूज़लेटर है!

सोशल मीडिया पर अपने वीडियो का प्रचार करें

सोशल मीडिया चैनलों के लिए अपने वीडियो को अनुकूलित करना मुफ्त में बहुत सारी चर्चा उत्पन्न करने का एक निश्चित तरीका है। यह काफी आसान है, और आपको बस इतना करना है कि वीडियो को अपने सोशल चैनलों पर अपलोड करना है, वीडियो के विवरण को अनुकूलित करना है ताकि यह उजागर किया जा सके कि सोशल मीडिया उपयोगकर्ता के लिए इसमें क्या है, और हाई-ट्रैफिक हैशटैग को शामिल करने के लिए अपने को बढ़ाने के लिए पहुंच।

ये अनुकूलन सभी सामाजिक चैनलों के लिए मान्य हैं, और आप इन्हें अपने सबसे सक्रिय खातों पर लागू कर सकते हैं। इस उदाहरण के लिए, हम अपने फेसबुक चैनल पर अपलोड किए गए वीडियो को ऑप्टिमाइज़ करेंगे।

हम सबसे पहले क्या करेंगे वह है वीडियो का पता लगाना और "पोस्ट संपादित करें" बटन पर क्लिक करना। अब एक विवरण लिखें जो कुछ शब्दों में मार्केटिंग वीडियो और ऑफ़र की सामग्री को हाइलाइट करता है। हम अनुशंसा करते हैं कि आप अपने विवरण में किसी भी कीवर्ड का उपयोग उस शब्द में हैश चिह्न जोड़कर हैशटैग के रूप में करें।

विवरण के अंत में अन्य उच्च ट्रैफिक हैशटैग जोड़ें। अब समाप्त करने के लिए "सहेजें" पर क्लिक करें। और बस!

ईमेल सब्सक्राइबर्स को अपना मार्केटिंग वीडियो भेजें

ईमेल वीडियो मार्केटिंग के लिए एक बेहतरीन चैनल है, और आप अपने ईमेल सब्सक्राइबर्स को भेजकर आसानी से अपना खुद का विज्ञापन मुफ्त में दे सकते हैं।

ऐसा करने का सबसे आसान तरीका है अपनी पसंद के ईमेल मार्केटिंग टूल पर एक ईमेल अभियान बनाना। इस उदाहरण के लिए, हम मेल चिंप का उपयोग करने जा रहे हैं।

यदि आप मेल चिंप का उपयोग कर रहे हैं, तो अपने खाते में जाएं और "अभियान बनाएं" बटन पर क्लिक करें। इसके बाद, "ईमेल" विकल्प पर क्लिक करें। अब अपने वीडियो मार्केटिंग अभियान का नाम "अभियान का नाम" फ़ील्ड में दर्ज करें, और फिर "प्रारंभ" पर क्लिक करें। अब इस अभियान को कॉन्फ़िगर करने का समय आ गया है। सबसे पहले, " प्राप्तकर्ता जोड़ें " बटन पर क्लिक करें, और फिर "दर्शक" मेनू बटन पर क्लिक करके उन ग्राहकों की सूची चुनें, जिन्हें आप वीडियो भेजेंगे। अब "फ़ील्ड को वैयक्तिकृत करें" विकल्प को चेक करें, "मर्ज टैग" मेनू पर "प्रथम नाम" चुनें, और "सहेजें" पर क्लिक करें।

इसके बाद, "विषय जोड़ें" बटन पर क्लिक करें और अपने ईमेल के लिए अपनी "विषय पंक्ति" और "पूर्वावलोकन पाठ" दर्ज करें। एक कीवर्ड शामिल करना सुनिश्चित करें जिससे प्राप्तकर्ता को पता चले कि वे एक वीडियो देखेंगे। जारी रखने के लिए "सहेजें और बंद करें" पर क्लिक करें। अब "डिज़ाइन ईमेल" बटन पर क्लिक करें। अगले पेज पर, एक लेआउट या थीम चुनें जो आपको आसानी से अपना वीडियो डालने की अनुमति देता है, जैसा कि हम यहां चुन रहे हैं। एक बार संपादक में, "लोगो" प्लेसहोल्डर को अपने लोगो से बदलकर शुरू करें। फिर, अपनी प्रति जोड़ने के लिए नीचे "सामग्री" ब्लॉक में शीर्षक और पाठ संपादित करें।

अब "सहेजें" पर क्लिक करें, और फिर "वीडियो" ब्लॉक को संपादक के पास खींचें, और इसे "सामग्री" ब्लॉक के ठीक नीचे रखें। अब YouTube पर अपने वीडियो का URL "वीडियो URL" में दर्ज करें। जैसा कि आप देख सकते हैं, वीडियो सीधे ईमेल के मुख्य भाग में लोड होगा। बहुत बढ़िया! अब नीचे टेक्स्ट फ़ील्ड में वीडियो के लिए एक कैप्शन दर्ज करें, "सेव एंड क्लोज़" पर क्लिक करें, और फिर "जारी रखें" पर क्लिक करें। अब जब आप पूरी तरह से तैयार हैं, तो बस "भेजें" बटन पर क्लिक करें। और बस! अब आपके ग्राहक आपके मार्केटिंग वीडियो को सीधे अपने इनबॉक्स से देख सकते हैं!

YouTube पर अन्य आला चैनलों पर टिप्पणी करें

अपने आला में अन्य चैनलों पर टिप्पणियां छोड़ना आपके ब्रांड को उन चैनलों द्वारा उत्पन्न किए जा रहे ट्रैफ़िक के बारे में बताने का एक शानदार अवसर है। मुफ्त का! अपने आला में एक चैनल की लोकप्रियता का निर्धारण करने के लिए, बस उनके ग्राहकों की संख्या देखें और उनका सबसे अच्छा वीडियो देखें। प्रत्येक वीडियो पर टिप्पणियों पर एक नज़र डालें। यदि टिप्पणियां वीडियो में सीधे विषय पर चर्चा कर रही हैं, तो वह चैनल प्रासंगिक इंटरैक्शन और ट्रैफ़िक उत्पन्न कर रहा है।

जब आप अपना संदेश छोड़ते हैं, तो सुनिश्चित करें कि यह मददगार है और यह बातचीत में जुड़ता है। इसे संवादी बनाएं, लेकिन दर्शकों को बताएं कि आप एक अधिकारी हैं।

<u>अपने वीडियो का भुगतान करने के लिए विज्ञापन करें</u>

अरे दोस्तों! अपने वीडियो का फ्रीवे विज्ञापन करना बहुत अच्छा है क्योंकि यह आपको प्रासंगिकता बनाने में मदद करता है, लेकिन यदि आप वास्तव में ऐसे परिणामों को चलाना चाहते हैं जो आपको वास्तविक रूप से तेज़ बनाते हैं, तो आपको भुगतान के रास्ते पर जाना होगा। और इस पाठ में, हम आपके मार्केटिंग वीडियो को पहले दिन से बढ़ावा देने के लिए सर्वोत्तम भुगतान रणनीतियों को उजागर करने जा रहे हैं!

Google Ads के साथ YouTube पर अपने वीडियो का विज्ञापन करें

Google के पास शायद सबसे लोकप्रिय ऑनलाइन विज्ञापन सेवा है। Google Ads के साथ, आप YouTube पर अपलोड किए गए मार्केटिंग वीडियो का विज्ञापन कई, कई स्थानों पर कर सकेंगे, जिनमें स्वयं YouTube, Google नेटवर्क और अन्य भागीदार साइटें शामिल हैं।

Google Ads पर YouTube वीडियो का विज्ञापन करने के लिए, आपको केवल एक सक्रिय Google खाते की आवश्यकता होगी। आप "ads.google.com" पर Google Ads साइट पर जा सकते हैं। आगामी पाठ में हम आपको दिखाएंगे कि Google Ads पर वीडियो विज्ञापन अभियान कैसे सेट किया जाए!

सोशल मीडिया पर अपने वीडियो पोस्ट का विज्ञापन करें

सभी प्रमुख सोशल मीडिया साइटों की अपनी विज्ञापन सेवाएं होती हैं, और आप इसका लाभ उठाकर अपने वीडियो मार्केटिंग पोस्ट को कई और लोगों को दिखा सकते हैं। फेसबुक, ट्विटर और स्नैप चैट, वीडियो सामग्री को बढ़ावा देने के लिए शीर्ष सोशल मीडिया प्लेटफॉर्म, सभी में मूल विज्ञापन सुविधाएं हैं जो आपको बहुत सस्ती दरों पर अपने वीडियो पोस्ट की पहुंच बढ़ाने की अनुमति देती हैं!

सोशल मीडिया साइट्स पर आपके वीडियो का विज्ञापन करने का सबसे अच्छा हिस्सा यह है कि उनकी उन्नत लक्ष्यीकरण सुविधाओं का उपयोग करके, आप उस उपयोगकर्ता के प्रकार तक पहुंचने में सक्षम होंगे जो लाइन से नीचे आपसे खरीदारी करने की अधिक संभावना है!

इसके अलावा, सोशल मीडिया पर वीडियो पोस्ट का विज्ञापन करना वाकई आसान है। उदाहरण के लिए फेसबुक को लें। Facebook पर अपनी किसी वीडियो पोस्ट का विज्ञापन करने के लिए, आपको बस अपने व्यावसायिक पृष्ठ पर जाना है और उस वीडियो पोस्ट का पता लगाना है जिसका आप विज्ञापन करना चाहते हैं।

इसके बाद, "बूस्ट पोस्ट" बटन पर क्लिक करें। इससे एक नई विंडो खुलेगी, जहां आप अपने वीडियो विज्ञापन को कॉन्फिगर करने में सक्षम होंगे।

सबसे पहले, आपको एक उद्देश्य चुनना होगा। यदि आप संभावित ग्राहकों से सीधे जुड़ना पसंद करते हैं तो आप "अधिक दृश्य" या "संदेश" का चयन कर सकते हैं। इसके बाद आपको अपनी बूस्ट की गई पोस्ट में जोड़ने के लिए, गंतव्य URL दर्ज करने के लिए और अपने लक्षित दर्शकों की विशेषताओं को सेट करने के लिए कॉल-टू-एक्शन बटन का चयन करना होगा।

अंत में, आपको अपनी पोस्ट की "अवधि" का चयन करना होगा, और फिर बजट दर्ज करना होगा, जो कि वह राशि है जो आप अपने वीडियो का विज्ञापन करने के लिए खर्च करेंगे। अब जब आपका बूस्टेड वीडियो पोस्ट तैयार है, तो आप इसे परोसना शुरू करने के लिए "बूस्ट" पर क्लिक कर सकते हैं।

लेकिन वह सब नहीं है! बने रहें, क्योंकि हम आपको आगामी पाठों में फेसबुक, साथ ही ट्विटर और स्नैपचैट पर आपके वीडियो का विज्ञापन करने का सबसे अच्छा तरीका दिखाएंगे!

वैकल्पिक विज्ञापन नेटवर्क पर विज्ञापन दें

वीडियो के लिए अन्य गुणवत्ता वाले विज्ञापन नेटवर्क हैं, जिसका अर्थ है कि आपको अपने वीडियो मार्केटिंग अभियानों की पहुंच को Google नेटवर्क तक सीमित करने की आवश्यकता नहीं है।

अमोबी उन नेटवर्कों में से एक है। यह एक एंड-टू-एंड विज्ञापन समाधान है जिसमें टीवी, डिजिटल और सामाजिक शामिल हैं, जो आपके वीडियो मार्केटिंग अभियानों के लिए भरपूर प्रदर्शन प्रदान कर सकता है। आप "amobee.com" पर Amobee प्लेटफॉर्म में ऑप्ट-इन कर सकते हैं ।

एक अन्य अनुशंसित नेटवर्क अंडरटोन है, जो एनिमेटेड बैनर और प्री-रोल वीडियो विज्ञापनों पर केंद्रित नेटवर्क है, और यह आपको आपकी विज्ञापन इकाइयों के लिए अद्वितीय, बड़े पैमाने पर कैनवस प्रदान करता है। आप इस नेटवर्क को "undertone.com" पर आज़मा सकते हैं।

YouTube प्रचार नेटवर्क में शामिल हों

"यूट्यूब प्रचार नेटवर्क" समर्पित विज्ञापन नेटवर्क हैं जो मंच से सामग्री को बढ़ावा देने के लिए यूट्यूब रचनाकारों के साथ काम करते हैं। उनके पास उन साइटों के पूरे नेटवर्क तक पहुंच है जो वीडियो सामग्री को मूल विज्ञापनों के रूप में प्रदर्शित करती हैं।

वे एक ऐसी सेवा प्रदान करते हैं जो "विज्ञापन", पारंपरिक विज्ञापनों और खरीदारी को देखने का एक संयोजन है। सबसे लोकप्रिय नेटवर्क में "Promolta.com", "Virool.com" और "Viboom.com" शामिल हैं।

अध्याय 7: YouTube के साथ एक सफल वीडियो मार्केटिंग अभियान चलाना

अरे वहाँ सब लोग! आइए अब इस प्रशिक्षण को आगे बढ़ाएं: आइए अपना पहला वास्तविक वीडियो मार्केटिंग अभियान बनाएं।

यदि आप पहले किसी प्रमुख विज्ञापन सेवा पर वीडियो मार्केटिंग प्लेटफॉर्म बनाने से कतराते थे, क्योंकि यह भारी लगता था, तो अब आपको ऐसा नहीं करना पड़ेगा, क्योंकि हमारी सलाह से आप वह सब सीखेंगे जो आपको प्रभावी अभियान शुरू करने के लिए जानना होगा। अपने मार्केटिंग वीडियो का प्रचार करें।

इस पाठ में, हम आपको यह दिखाने जा रहे हैं कि YouTube पर अपलोड किए गए मार्केटिंग वीडियो को बढ़ावा देने के लिए एक विज्ञापन अभियान कैसे बनाया जाए।

शुरू करना

YouTube पर अपलोड किए गए मार्केटिंग वीडियो का विज्ञापन करने के लिए आपको Google Ads पर एक विज्ञापन अभियान बनाना होगा। तो "ads.google.com" यूआरएल पर जाकर शुरुआत करें। सुनिश्चित करें कि आप पहले से ही अपने Google खाते में लॉग इन हैं, और "साइन इन" बटन पर क्लिक करें।

5

YouTube के साथ

यदि आप पहले किसी प्रमुख विज्ञापन सेवा पर वीडियो मार्केटिंग प्लेटफ़ॉर्म बनाने से कतराते थे, क्योंकि यह भारी लगता था, तो अब आपको ऐसा नहीं करना पड़ेगा, क्योंकि हमारी सलाह से आप वह सब सीखेंगे जो आपको प्रभावी अभियान शुरू करने के लिए जानना होगा। अपने मार्केटिंग वीडियो का प्रचार करें।

इस पाठ में, हम आपको यह दिखाने जा रहे हैं कि YouTube पर अपलोड किए गए मार्केटिंग वीडियो को बढ़ावा देने के लिए एक विज्ञापन अभियान कैसे बनाया जाए।

YouTube पर अपलोड किए गए मार्केटिंग वीडियो का विज्ञापन करने के लिए आपको Google Ads पर एक विज्ञापन अभियान बनाना होगा। तो "ads.google.com" यूआरएल पर जाकर शुरुआत करें। सुनिश्चित करें कि आप पहले से ही अपने Google खाते में लॉग इन हैं, और "साइन इन" बटन पर क्लिक करें।

एक बार डैशबोर्ड में, "अभियान" टैब पर क्लिक करें। अगले पृष्ठ पर, "प्लस" आइकन पर क्लिक करें, और फिर "नया अभियान" विकल्प पर क्लिक करें।

अगले पेज पर आपको अपना अभियान लक्ष्य और अभियान प्रकार चुनना होगा। "लक्ष्य के मार्गदर्शन के बिना एक अभियान बनाएं" का चयन करके प्रारंभ करें। इसके बाद, अभियान प्रकार के रूप में "वीडियो" चुनें। अब अभियान उपप्रकार के रूप में "कस्टम वीडियो अभियान" चुनें, और फिर "जारी रखें" पर क्लिक करें।

अपने वीडियो अभियान को कॉन्फ़िगर करना

अब आपके वीडियो अभियान को कॉन्फ़िगर करने का समय आ गया है। इस नए अभियान का नाम "अभियान नाम" फ़ील्ड में दर्ज करके प्रारंभ करें।

अब "बोली-प्रक्रिया रणनीति" टैब पर क्लिक करें और सुनिश्चित करें कि "अधिकतम CPV" बोली कार्यनीति के रूप में चुना गया है।

ठीक है, अब "बजट और तिथियां" अनुभाग पर जाएं। "बजट प्रकार" मेनू बटन पर क्लिक करें और "दैनिक" चुनें। अब वह राशि दर्ज करें जो आप इस अभियान को चलाने के लिए प्रतिदिन खर्च करने जा रहे हैं। यहां हम अनुशंसा करते हैं कि आप आरंभ करने के लिए $10 और $25 के बीच प्रवेश करें।

डिफ़ॉल्ट रूप से, लॉन्च शेड्यूल "विज्ञापन स्वीकृत होते ही शुरू करें" और "बिना किसी समाप्ति तिथि के" पर सेट है, इसलिए अब आप अपनी भाषा और स्थान सेट करने के लिए नीचे स्क्रॉल कर सकते हैं।

सबसे पहले, "भाषाएं" टैब पर क्लिक करें, "एक भाषा दर्ज करें" फ़ील्ड पर क्लिक करें, और फिर उन भाषाओं का चयन करें जिन्हें आप लक्षित करना चाहते हैं। इसके बाद, "स्थान" टैब पर क्लिक करें और उन स्थानों का चयन करें जिन्हें आप लक्षित करना चाहते हैं। ठीक है, अब नीचे स्क्रॉल करके "अपना विज्ञापन समूह बनाएं" अनुभाग पर जाएं। "विज्ञापन समूह का नाम" फ़ील्ड में इस अभियान के विज्ञापन समूह का नाम दर्ज करें।

अब "लोग" अनुभाग पर जाएँ। "जनसांख्यिकी" टैब पर क्लिक करें और अपना जनसांख्यिकीय लक्ष्यीकरण चुनें। अब "ऑडियंस" टैब पर क्लिक करें। उस कीवर्ड द्वारा परिभाषित ऑडियंस को खोजने के लिए "खोज" फ़ील्ड में एक कीवर्ड दर्ज करें और उसका चयन करें। इसके बाद, "सामग्री" अनुभाग पर जाएँ। "कीवर्ड" टैब पर क्लिक करके प्रारंभ करें। अब अपने लक्षित आला कीवर्ड को कीवर्ड फ़ील्ड में दर्ज करें।

अब "विषय" टैब पर क्लिक करें। यहां आप किसी विषय को खोजने और चुनने के लिए "खोज" फ़ील्ड में एक आला कीवर्ड भी दर्ज करेंगे। यह सेटिंग आपको अपना विज्ञापन केवल आपके द्वारा चुने गए विषय से संबंधित वीडियो पर दिखाने की अनुमति देगी।

इसके अतिरिक्त, आप "प्लेसमेंट" टैब पर क्लिक कर सकते हैं। यहां आप अपना विज्ञापन दिखाने के लिए विशिष्ट प्लेसमेंट खोजने के लिए एक कीवर्ड दर्ज कर सकते हैं, जैसे विशिष्ट YouTube चैनल या वीडियो, वेबसाइट और एप्लिकेशन। यदि आप अपने विज्ञापन सभी संभावित नियुक्तियों पर दिखाना चाहते हैं, तो इस अनुभाग को खाली छोड़ दें और अगले चरण पर जाएँ।

अगला "बोली" अनुभाग है। यहां आप अपनी "अधिकतम सीपीवी बोली" दर्ज करेंगे, जो वह अधिकतम बोली है जिसका भुगतान आप प्रति दृश्य करना चाहते हैं। एक बार जब आप अपनी अधिकतम बोली यहां सेट कर लेते हैं, तो अंतिम चरण को पूरा करने के लिए नीचे स्क्रॉल करें।

अपना वीडियो विज्ञापन बनाना

अब आपका वीडियो विज्ञापन बनाने का समय आ गया है। YouTube पर अपने वीडियो का URL "आपके YouTube वीडियो" फ़ील्ड में दर्ज करके प्रारंभ करें।

अब आपका विज्ञापन प्रारूप चुनने का समय आ गया है। " छोड़ा जा सकने वाला इन-स्ट्रीम विज्ञापन" आपका विज्ञापन वीडियो के पहले, दौरान या बाद में दिखाता है और उपयोगकर्ता इसे छोड़ सकते हैं। "वीडियो डिस्कवरी विज्ञापन" आपके विज्ञापन को मुखपृष्ठ पर, खोज परिणामों में और संबंधित वीडियो बार पर एक थंबनेल बैनर के रूप में दिखाता है। अंत में, "बम्पर विज्ञापन" आपके वीडियो को वीडियो के पहले, दौरान या बाद में दिखाता है और दर्शक इसे छोड़ नहीं सकते। यदि आपका वीडियो 6 सेकंड से अधिक लंबा है, तो आप

इस प्रारूप का चयन नहीं कर सकते हैं!

इस उदाहरण के लिए, हम विज्ञापन प्रारूप के रूप में " स्किप करने योग्य इन-स्ट्रीम" चुनेंगे। प्रारूप का चयन करने के बाद, "अंतिम URL" फ़ील्ड में अपना गंतव्य URL दर्ज करें। फिर आपके विज्ञापन पर प्रदर्शित होने वाला URL जेनरेट करने के लिए "प्रदर्शन URL" फ़ील्ड पर क्लिक करें। वैकल्पिक रूप से, आप वीडियो विज्ञापन में कॉल टू एक्शन सम्मिलित करने के लिए "कॉल-टू-एक्शन" विकल्प की जांच कर सकते हैं।

इसके बाद, अपने वीडियो से अपना सहयोगी बैनर जेनरेट करने के लिए "बैनर" सेक्शन में " ऑटोजेनरेट " चुनें।

अब अपने नए विज्ञापन का नाम "विज्ञापन का नाम" फ़ील्ड में दर्ज करें। फिर जारी रखने के लिए "अभियान बनाएं" पर क्लिक करें।

और बस! अब आपका अभियान तैयार है, और आपको केवल इसके स्वीकृत होने की प्रतीक्षा करनी है ताकि यह चलना शुरू हो सके!

<u>फेसबुक के साथ</u>

अरे वहाँ सब लोग! आपने अभी सीखा है कि ग्रह पर सबसे बड़ी वीडियो साझा करने वाली वेबसाइट पर अपने वीडियो को बढ़ावा देने के लिए एक विज्ञापन अभियान कैसे बनाया जाता है, और अब आपके लिए यह सीखने का समय है कि इसे सोशल मीडिया पर कैसे बढ़ाया जाए। इस पाठ में हम आपको इंटरनेट पर सबसे लोकप्रिय सोशल मीडिया साइट फेसबुक पर वीडियो मार्केटिंग अभियान बनाने का तरीका दिखाने जा रहे हैं।

अपने खाते में लॉग इन करते समय "facebook.com/ads Manager" URL पर जाकर शुरुआत करें। इसके बाद, अभियान निर्माण पृष्ठ पर जाने के लिए "विज्ञापन बनाएं" बटन पर क्लिक करें। वहां पहुंचने के बाद, "मार्केटिंग उद्देश्य" अनुभाग पर जाएं और "वीडियो दृश्य" चुनें। अब इस नए अभियान का नाम "अभियान का नाम" फ़ील्ड में दर्ज करें। इसके बाद, आपको अपना अभियान बजट दर्ज करना होगा। यहां हम अनुशंसा करते हैं कि आप "दैनिक बजट" चुनें और $5 से $25 तक की राशि दर्ज करें।

यदि आपने कोई Facebook विज्ञापन खाता नहीं बनाया है, तो अभियान बनाना जारी रखने से पहले आपको ऐसा करने के लिए कहा जाएगा। इसके लिए "सेट अप विज्ञापन खाता" बटन पर क्लिक करें। अगले पृष्ठ पर, अपना "खाता देश", अपनी "मुद्रा" और अपना "समय क्षेत्र" चुनें। यहां अपना चयन पूरा करने के बाद आप "जारी रखें" पर क्लिक कर सकते हैं।

अभियान बनाना

ठीक है, अब अभियान को कॉन्फ़िगर करने का समय आ गया है। इस अभियान के विज्ञापन सेट का नाम "विज्ञापन सेट नाम" फ़ील्ड में दर्ज करके प्रारंभ करें। अब अपने लक्षित दर्शकों को सेट करने के लिए "ऑडियंस" अनुभाग पर जाएँ। सबसे पहले, "स्थानों" के अनुरूप "संपादित करें" बटन पर क्लिक करें। किसी स्थान का चयन करने के लिए, "अधिक

स्थान" फ़ील्ड में बस उस स्थान का नाम दर्ज करें जिसे आप अपने विज्ञापनों के साथ लक्षित करना चाहते हैं, और फिर परिणामों में उस स्थान के नाम पर क्लिक करें। आप जितने चाहें उतने स्थान जोड़ सकते हैं!

इसके बाद, अपने दर्शकों की उम्र चुनें. अब जेंडर को सेलेक्ट करें। अब "विस्तृत लक्ष्यीकरण" अनुभाग के अनुरूप "संपादित करें" बटन पर क्लिक करें। यहां आप एक कीवर्ड का उपयोग किसी ऐसी विशेषता का चयन करने के लिए कर सकते हैं जो आपके संपूर्ण ग्राहक की रुचियों या व्यवहार से मेल खाती हो। आपको बस इतना करना है कि टेक्स्ट फ़ील्ड में अपना कीवर्ड दर्ज करना है और परिणामों से एक विशेषता का चयन करना है।

अब "प्लेसमेंट" अनुभाग पर जाएँ। यहां आप चुन सकते हैं कि आपके विज्ञापन कहां दिखाए जाएं। यदि आप "स्वचालित नियुक्तियाँ" चुनते हैं, तो आपके विज्ञापन सभी संभावित नियुक्तियों और उपकरणों पर प्रदर्शित होंगे। यदि आप "नियुक्तियाँ संपादित करें" चुनते हैं, तो आप उन नियुक्तियों का चयन करने में सक्षम होंगे जहाँ आप अपने विज्ञापन दिखाना चाहते हैं। इस उदाहरण के लिए, हम "स्वचालित प्लेसमेंट" चुनेंगे।

"अनुकूलन और व्यय नियंत्रण" अनुभाग में आप अपना "विज्ञापन वितरण के लिए अनुकूलन", "लागत नियंत्रण" यदि उपलब्ध हो, और "अनुसूची" संपादित कर सकते हैं। इस प्रकार के अभियान के लिए डिफ़ॉल्ट सेटिंग्स पर्याप्त हैं, इसलिए आप इस बिंदु पर "जारी रखें" पर क्लिक कर सकते हैं।

वीडियो विज्ञापन बनाना

अब इस वीडियो मार्केटिंग अभियान के लिए विज्ञापन बनाने का समय आ गया है। इस विज्ञापन का नाम "विज्ञापन नाम" फ़ील्ड में दर्ज करके प्रारंभ करें। अब "पहचान" अनुभाग पर जाएं और फेसबुक पर अपने व्यवसाय के पेज का चयन करने के लिए "फेसबुक पेज" ड्रॉप-डाउन मेनू बटन पर क्लिक करें। अब "मीडिया" अनुभाग पर जाएं और अपने मार्केटिंग वीडियो को अपने विज्ञापन में जोड़ने के लिए "वीडियो जोड़ें" बटन पर क्लिक करें । अब "पाठ और लिंक" अनुभाग पर जाएं। "प्राथमिक टेक्स्ट" फ़ील्ड में अपनी विज्ञापन प्रति दर्ज करें। अब "वेबसाइट URL जोड़ें" विकल्प की जाँच करें, और "वेबसाइट URL" फ़ील्ड में अपना लैंडिंग पृष्ठ URL दर्ज करें। इसके अतिरिक्त, जब आप इस विकल्प को सक्रिय करते हैं तो आप "शीर्षक" और "विवरण" भी जोड़ सकते हैं।

ठीक है, अब अपने विज्ञापन के लिए कॉल-टू-एक्शन बटन चुनने के लिए "कॉल टू एक्शन" ड्रॉप-डाउन मेनू बटन पर क्लिक करें। अंत में, दाईं ओर विज्ञापन पूर्वावलोकन विंडो में अपना विज्ञापन देखें। अपनी अभियान सेटिंग की समीक्षा करने के लिए "समीक्षा" बटन पर क्लिक करें, और फिर अनुमोदन के लिए अपना वीडियो मार्केटिंग अभियान सबमिट करने के लिए "पुष्टि करें" पर क्लिक करें। स्वीकृति में आमतौर पर केवल 10 से 15 मिनट लगते हैं, जिसके बाद आपका वीडियो विज्ञापन चलना शुरू हो जाएगा!

टि्वटर के साथ

अरे दोस्तों! आपने इसे क्रिया में देखा है, और अब आप जानते हैं कि एक शीर्ष सोशल मीडिया साइट पर अपने वीडियो का विज्ञापन करने के लिए वीडियो मार्केटिंग अभियान बनाना कितना आसान है।

इस पाठ में, हम आगे बढ़ रहे हैं क्योंकि हम आपको यह दिखाने जा रहे हैं कि किसी अन्य शीर्ष सोशल मीडिया नेटवर्क: ट्विटर पर वीडियो मार्केटिंग अभियान कैसे बनाया जाए। Twitter आपके मार्केटिंग वीडियो पर बहुत अधिक जुड़ाव और ट्रैफ़िक लाने के लिए एक बेहतरीन जगह है, और भुगतान किए गए मार्केटिंग अभियान की तुलना में उन परिणामों को तुरंत प्राप्त करने का कोई बेहतर तरीका नहीं है।

ट्विटर के लिए एक वीडियो मार्केटिंग अभियान बनाने के लिए, आपको अपने ट्विटर अकाउंट में लॉग इन करते हुए "ads.twitter.com" URL पर जाकर शुरुआत करनी होगी। आप अभियान निर्माण पृष्ठ पर पहुंचेंगे, जहां से आप अपने नए वीडियो मार्केटिंग अभियान को कॉन्फ़िगर करना शुरू कर सकेंगे। तैयार? तो चलिए यह करते हैं!

अभियान बनाना

ठीक है, यहां आपको जो पहला कदम उठाना है, वह है "प्रचारित वीडियो दृश्य" को अपने अभियान उद्देश्य के रूप में चुनना। इसके बाद, इस नए अभियान का नाम "अभियान का नाम" फ़ील्ड में दर्ज करें। अब अपने अभियान के लिए एक फंडिंग स्रोत निर्दिष्ट करें। अब अपने विज्ञापन को "दैनिक बजट" फ़ील्ड में दिखाने के लिए प्रतिदिन खर्च की जाने वाली राशि दर्ज करें। वैकल्पिक रूप से, आप "कुल बजट" फ़ील्ड में वह अधिकतम राशि दर्ज कर सकते हैं, जिसे आप पूरे अभियान के दौरान खर्च करना चाहते हैं। यदि आप यहां कोई राशि दर्ज नहीं करते हैं, तो आप अभियान के लिए असीमित बजट तब तक निर्धारित करेंगे जब तक आप इसे रोक नहीं देते।

ठीक है, अब प्रारंभ तिथि चुनने के लिए नीचे दिए गए कैलेंडर फ़ंक्शन का उपयोग करें। आप समाप्ति तिथि भी चुन सकते हैं, लेकिन यह वैकल्पिक है। एक बार जब आप इस पृष्ठ पर सभी विकल्प सेट कर लेते हैं, तो जारी रखने के लिए "अगला" बटन पर क्लिक करें। अब आपका "विज्ञापन समूह विवरण" दर्ज करने का समय आ गया है। "विज्ञापन समूह" फ़ील्ड में इस अभियान के लिए विज्ञापन समूह का नाम दर्ज करके प्रारंभ करें। आप विज्ञापन समूह स्तर पर आरंभ और समाप्ति तिथि चुनने के लिए नीचे दिए गए कैलेंडर कार्यों का भी उपयोग कर सकते हैं, लेकिन यह वैकल्पिक है। "कुल विज्ञापन समूह बजट" भी वैकल्पिक है, जो आपको अभियान के भीतर प्रति विज्ञापन समूह कुल बजट निर्धारित करने की अनुमति देता है।

इसके बाद, बोली प्रकार चुनने के लिए "बोली प्रकार" ड्रॉप-डाउन मेनू बटन पर क्लिक करें। यदि आप "स्वचालित बोली" चुनते हैं, तो सभी बोनियाँ आपकी ओर रो रवचालित रूप से रखी जाएँगी। यदि आप "अधिकतम बोली" चुनते हैं, तो आप अधिकतम बोली राशि दर्ज करने में सक्षम होंगे। बोली प्रकार का चयन करने के बाद, आप जिस प्रकार के दृश्य के लिए

बोली लगाना चाहते हैं उसे चुनने के लिए "बोली इकाई" ड्रॉप-डाउन मेनू बटन पर क्लिक करें। यहां हम अनुशंसा करते हैं कि आप "प्रति वीडियो दृश्य" चुनें। आप इस खंड में सब कुछ सेट करने के बाद जारी रखने के लिए "अगला" बटन पर क्लिक कर सकते हैं।

अब समय आ गया है कि आप अपने ऑडियंस लक्ष्यीकरण को सेट करें। सबसे पहले, "जनसांख्यिकी" अनुभाग पर जाएं और "लिंग" और "आयु सीमा" चुनें। इसके बाद, "स्थान, भाषाएं और तकनीकें" मेनू का उपयोग उन स्थानों का चयन करने के लिए करें जिन्हें आप लक्षित करना चाहते हैं, दर्शकों की भाषा जिन्हें आप लक्षित करना चाहते हैं, और उन तकनीकों या उपकरणों का उपयोग करें जो आपके दर्शकों में लोग उपयोग करते हैं।

अब "दर्शक सुविधाएँ" अनुभाग पर जाएँ। यहां आप अपने संपूर्ण ग्राहक के हितों से मेल खाने वाले ईवेंट, व्यवहार, रुचियां, अनुयायी दिखने वाले, फिल्में और टीवी शो खोजने और चुनने के लिए शीर्ष पर टेक्स्ट फ़ील्ड में एक कीवर्ड दर्ज कर सकते हैं। अपनी रुचि लक्ष्यीकरण का विस्तार करने के लिए आप इस फ़ील्ड के नीचे के विकल्पों को सक्रिय कर सकते हैं। यदि आप "सिफारिशें" सक्रिय करते हैं, तो आपको रुचि कीवर्ड अनुशंसाओं की एक श्रृंखला प्राप्त होगी जिसे आप अपनी रुचि लक्ष्यीकरण में भी जोड़ सकते हैं।

यदि आप "आपके पिछले ट्वीट्स को देखने या उनसे जुड़ने वाले लोगों को पुनः लक्षित करें" को सक्रिय करते हैं, तो आप उन लोगों को अपना विज्ञापन दिखाने में सक्षम होंगे, जिन्होंने पहले आपकी सामग्री को देखा या उसके साथ बातचीत की है। यदि आप "अपनी ऑडियंस का विस्तार करें" को सक्रिय करते हैं, तो आप अपना विज्ञापन उन लोगों को दिखाने में सक्षम होंगे जो आपके द्वारा लक्षित ऑडियंस के समान रुचियां साझा करते हैं। यह सब सेट करने के बाद आप अगले चरण पर जाने के लिए "अगला" बटन पर क्लिक कर सकते हैं।

विज्ञापन बनाना और अभियान शुरू करना

अब विज्ञापन क्रिएटिव सेट करने का समय आ गया है। अपनी प्रोफ़ाइल से एक वीडियो ट्वीट का चयन करके प्रारंभ करें। आप एक बार में प्रचार करने के लिए एक से अधिक वीडियो ट्वीट का चयन कर सकते हैं। अब "अगला" बटन पर क्लिक करें। अगले पृष्ठ पर, बस अपनी अभियान सेटिंग की समीक्षा करें, और जब आप ट्विटर पर अपने वीडियो विज्ञापन दिखाना शुरू करने के लिए तैयार हों तो "अभियान लॉन्च करें" बटन पर क्लिक करें। और यही है!

स्नैप चैट के साथ

अरे दोस्तों! ये पिछले दो सबक अद्भुत रहे हैं क्योंकि हमने आपको दिखाया है कि दुनिया की दो सबसे आकर्षक सोशल मीडिया साइटों पर सशुल्क वीडियो मार्केटिंग पर कैसे हावी होना है। और अच्छी खबर यह है कि हमने आखिरी के लिए थोड़ा सरप्राइज बचा लिया। हाँ, हमारे पास आपके लिए कुछ खास है, क्योंकि इस पाठ में हम आपको स्नैप चैट के लिए एक शानदार विज्ञापन अभियान बनाने का तरीका दिखाने जा रहे हैं!

इससे पहले कि आप स्नैप चैट पर एक सशुल्क वीडियो मार्केटिंग अभियान बना सकें, आपको एक विज्ञापन खाता पंजीकृत करना होगा। आप इसे "forbusiness.snapchat.com/" URL पर जाकर, फिर अपने स्नैप चैट क्रेडेंशियल के साथ स्नैप विज्ञापन प्रबंधक में साइन इन करने के लिए "लॉग इन" पर क्लिक करके कर सकते हैं। इसके बाद आपको केवल अपनी व्यावसायिक जानकारी दर्ज करनी होगी।

स्नैप विज्ञापन अभियान बनाना

एक बार जब आप एक स्नैप चैट विज्ञापन खाता सेट कर लेते हैं, तो आप https://ads.snapchat.com/ URL पर जा सकते हैं और अपने स्नैप चैट लॉग इन जानकारी के साथ साइन इन कर सकते हैं। आप अभियान निर्माण पृष्ठ पर पहुंचेंगे। इस पेज से स्नैप चैट विज्ञापन बनाने के दो तरीके हैं। "झटपट बनाएं" आपको कुछ ही मिनटों में एक विज्ञापन बनाने की सुविधा देता है। "उन्नत निर्माण" की सहायता से आप एक ही अभियान के लिए अनेक विज्ञापन बना सकते हैं।

यहां वीडियो मार्केटिंग अभियान बनाने का सबसे आसान तरीका है "झटपट बनाएं" का चयन करना। ठीक है, अब आपको अपना विज्ञापन लक्ष्य चुनना है। उपलब्ध लक्ष्य "वेबसाइट विज़िट", "ऐप इंस्टॉल" और "ऐप विज़िट" हैं। इस उदाहरण के लिए, "वेबसाइट विज़िट" चुनें। जब आप इस उद्देश्य का चयन करते हैं, तो आपको "वेबसाइट URL" फ़ील्ड में अपना लैंडिंग पृष्ठ URL दर्ज करने के लिए प्रेरित किया जाएगा। अपना यूआरएल दर्ज करें और फिर "अगला" पर क्लिक करें।

ठीक है, अब समय आ गया है कि आप अपना विज्ञापन डिज़ाइन करें। अपने मार्केटिंग वीडियो का पता लगाने और उसका चयन करने के लिए "वीडियो या फोटो अपलोड करें" बटन पर क्लिक करें।

यदि आपका वीडियो मोबाइल स्क्रीन के लिए प्रारूपित नहीं है, तो आपको इसे क्रॉप करने के लिए कहा जाएगा। उस अनुभाग का चयन करें जिसे आप क्रॉप करना चाहते हैं, और "फसल वीडियो" बटन पर क्लिक करें। अब आपकी कंपनी की जानकारी दर्ज करने और विज्ञापन की प्रतिलिपि बनाने का समय आ गया है। डिफ़ॉल्ट रूप से, आपके व्यवसाय का नाम "व्यवसाय का नाम" फ़ील्ड में जोड़ दिया जाएगा, लेकिन यदि आप किसी भिन्न ब्रांड या उत्पाद का प्रचार कर रहे हैं तो आप इसे संपादित कर सकते हैं।

इसके बाद, "शीर्षक" फ़ील्ड में अपनी विज्ञापन प्रति दर्ज करें। अब "कॉल टू एक्शन" ड्रॉप-डाउन मेनू बटन पर क्लिक करें और अपने विज्ञापन के लिए कॉल-टू-एक्शन बटन चुनें। अब आप अगले चरण पर जारी रखने के लिए "अगला" बटन पर क्लिक कर सकते हैं।

अब आपके विज्ञापन वितरण और लक्ष्यीकरण को स्थापित करने का समय आ गया है। "जनसांख्यिकी" टैब पर क्लिक करके प्रारंभ करें। इस खंड में आप अपने लक्षित दर्शकों के "लिंग", "आयु" और "भाषाओं" का चयन करने जा रहे हैं।

अब "स्थान" टैब पर क्लिक करें और "स्थान" के अंतर्गत ड्रॉप-डाउन मेनू बटन का उपयोग करके उन स्थान श्रेणियों का चयन करें जिन्हें आप लक्षित करना चाहते हैं। अब "बजट और अवधि" अनुभाग पर जाएँ। सबसे पहले, आप यह चुनने जा रहे हैं कि आपका विज्ञापन कब चलना शुरू होगा और कब रुकेगा। डिफ़ॉल्ट रूप से, यह आपके विज्ञापन को "तुरंत" चलाना शुरू करने और "अनिश्चित काल तक चलने" के लिए सेट है, आप एक अलग शेड्यूल चुनने के लिए "आरंभ और समाप्त" फ़ील्ड पर क्लिक कर सकते हैं।

अब बजट प्रकार चुनने के लिए "बजट" के अंतर्गत ड्रॉप-डाउन मेनू बटन पर क्लिक करें। आप "दैनिक बजट" या "आजीवन बजट" का चयन कर सकते हैं। इस उदाहरण के लिए, हम "दैनिक बजट" का चयन करने जा रहे हैं। इसके बाद, "बजट" के अंतर्गत राशि फ़ील्ड में आपके द्वारा चुने गए बजट के प्रकार के अनुसार इस अभियान पर खर्च की जाने वाली राशि दर्ज करें।

अब "व्यावसायिक पता" अनुभाग पर जाएँ। यहां आपको "सड़क का पता" फ़ील्ड में अपना व्यावसायिक पता दर्ज करना होगा, और "शहर", "राज्य" और "ज़िप कोड" दर्ज करना होगा। यह जानकारी आवश्यक है, इसलिए एक वैध और पूरा पता दर्ज करना सुनिश्चित करें!

अब "भुगतान विवरण" अनुभाग पर जाएँ। यहां आप उस भुगतान विधि का चयन करने जा रहे हैं जिसका उपयोग आप अपने विज्ञापनों के भुगतान के लिए करेंगे। यदि आप "क्रेडिट" चुनते हैं, तो आपको बस अपना कार्ड नंबर, समाप्ति तिथि, सीवीवी कोड और क्रेडिट कार्ड से जुड़ा ज़िप कोड दर्ज करना होगा।

और यदि आप "पेपाल" चुनते हैं, तो आपको बस "पेपाल के साथ भुगतान करें" बटन पर क्लिक करना होगा और अपने खाते को स्वचालित भुगतान विधि के रूप में जोड़ने के लिए अपने पेपैल खाते में लॉग इन करना होगा। अब जब आप अपनी सारी जानकारी यहां जोड़ चुके हैं, तो अपनी संभावित पहुंच का पूर्वावलोकन प्राप्त करने के लिए "दर्शक अवलोकन" अनुभाग देखें, और फिर अपना अभियान शुरू करने के लिए "प्रकाशित करें" बटन पर क्लिक करें।

और यही है! स्नैप चैट पर वीडियो मार्केटिंग अभियान शुरू करने का कोई आसान और बेहतर तरीका नहीं है, और जब आप इसे स्वयं आजमाएंगे तो आप देखेंगे!

6

वीडियो मार्केटिंग प्रयासों के लिए उन्नत वीडियो एसईओ

हम वीडियो मार्केटिंग रणनीति की सीढ़ी पर आगे बढ़ रहे हैं, तो आइए एक अच्छी पुरानी रणनीति के लिए समय निकालें जो कभी विफल न हो: खोज इंजन अनुकूलन। यह सही है: वीडियो विपणक के लिए एसईओ भी एक शक्तिशाली उपकरण है। लेकिन क्योंकि खोज इंजन एल्गोरिदम हर समय बदल रहे हैं, यह महत्वपूर्ण है कि आप अद्यतित रहें, और इस पाठ में हम उन्नत वीडियो एसईओ रणनीतियों पर ध्यान केंद्रित करने जा रहे हैं जो आज काम करते हैं!

SEO उद्देश्यों को प्राप्त करने के लिए सही वीडियो होस्टिंग चुनें

जब आप अपने वीडियो मार्केटिंग अभियानों पर SEO लागू करते हैं, तो आप दो उद्देश्यों का पीछा करते हैं: ब्रांड जागरूकता, और ट्रैफ़िक और बिक्री। आप प्रत्येक उद्देश्य को विभिन्न वीडियो होस्टिंग प्लेटफॉर्म पर प्राप्त कर सकते हैं। चलो एक नज़र डालते हैं! अपने अभियान यहां अपलोड करें

ब्रांड जागरूकता बढ़ाने के लिए वीडियो साझा करने वाली साइटें

वीडियो साझाकरण साइटें आपके ब्रांडेड वीडियो पर ट्रैफ़िक भेजकर ब्रांड जागरूकता बढ़ाने में आपकी सहायता करती हैं। इसका मतलब है कि आपको अपने मार्केटिंग वीडियो को YouTube और Vimeo जैसी वीडियो साझा करने वाली साइटों पर अपलोड करना होगा, जहां आप उन्हें खोज के लिए अनुकूलित कर सकते हैं।

ट्रैफ़िक और बिक्री बढ़ाने के लिए अपने अभियान वीडियो मार्केटिंग प्लेटफ़ॉर्म पर अपलोड करें

हालांकि वीडियो साझा करने वाली साइटें आपकी वेबसाइटों पर बहुत अधिक ट्रैफ़िक नहीं भेजती हैं, इसलिए आपको समर्पित वीडियो मार्केटिंग प्लेटफ़ॉर्म का उपयोग करना होगा जो खोज इंजन से योग्य ट्रैफ़िक प्राप्त करने के लिए आपके वीडियो को होस्ट और अनुकूलित करते हैं।

" विस्टिया " एक वीडियो मार्केटिंग कंपनी है जो व्यवसायों के लिए वीडियो होस्टिंग सेवाएं प्रदान करती है। जब यह किसी वीडियो को होस्ट करता है, तो यह स्वचालित रूप से वीडियो में SEO मेटाडेटा सम्मिलित करता है, जो वीडियो पृष्ठ को खोज परिणामों में उच्च अनुक्रमित करता है। आप "wistia.com" पर जाकर इस सेवा को आजमा सकते हैं।

कैप्शन डालें

कैप्शन न केवल दर्शकों को बिना ध्वनि के आपके वीडियो देखने का विकल्प देते हैं, वे आपके वीडियो को अनुक्रमित करने में भी मदद करते हैं क्योंकि खोज बॉट उन्हें कॉपी के रूप में पहचानते हैं। कुछ मामलों में, वे ब्लॉग पोस्ट पेज में टेक्स्ट के बराबर होते हैं! कैप्शन सम्मिलित करना एक टेक्स्ट फ़ाइल बनाने जितना आसान हो सकता है जिसे आप अपने वीडियो डेटा में जोड़ सकते हैं। उदाहरण के लिए, YouTube आपको केवल अपने वीडियो विवरण दर्ज करके, "वीडियो भाषा" का चयन करके और फिर अपने कंप्यूटर से कैप्शन फ़ाइल अपलोड करने के लिए "उपशीर्षक या बंद कैप्शन अपलोड करें" बटन पर क्लिक करके कैप्शन सम्मिलित करने की अनुमति देता है।

आकर्षक थंबनेल का प्रयोग करें

क्लिक-थ्रू दर जैसे मेट्रिक्स, जो आपको अपने मार्केटिंग वीडियो की रैंकिंग में सुधार करने में मदद करते हैं, बहुत बड़े एसईओ कारक हैं जो उन तत्वों से प्रभावित हो सकते हैं जो लोगों को एक आकर्षक थंबनेल की तरह प्ले बटन पर क्लिक करते हैं।

एक अच्छा थंबनेल बनाने वाले तत्वों में थंबनेल में एक मुस्कुराता हुआ चेहरा, एक छवि जो उस उत्पाद या सेवा का प्रतिनिधित्व करती है जिसका आप प्रचार कर रहे हैं, और बड़ा टेक्स्ट जो जिज्ञासा को बढ़ाता है, जैसे प्रश्न या एक संक्षिप्त टिप्पणी।

शीर्षक और मेटाडेटा में कीवर्ड जोड़ें

यह एक SEO नो-ब्रेनर है, लेकिन हमारा वास्तव में यहां मतलब यह है कि आपको न केवल सबसे आम आला कीवर्ड का उपयोग करना होगा, जिसके साथ आप पहले से ही बहुत अधिक प्रतिस्पर्धा कर सकते हैं, बल्कि ऐसे शब्द जिनका उपयोग लोग सामान खोजने के लिए कर रहे हैं। उनका आला, स्मार्ट तरीका।

जब आपके संभावित ग्राहक कुछ विशिष्ट देखना चाहते हैं, तो वास्तव में आपके संभावित ग्राहक किन शब्दों का उपयोग कर रहे हैं, यह जानने के लिए आपको कुछ खोजशब्द अनुसंधान करना होगा। आप YouTube खोज बार में अपना कोई लक्षित कीवर्ड टाइप करके ऐसा कर सकते हैं और सुझाए गए परिणाम देख सकते हैं। फिर, उन खोज शब्दों के आसपास अपने शीर्षक, विवरण और टैग लिखें। आप अपने वीडियो को पहले प्रयास में

रैंक करेंगे!

अपने वीडियो को एक अनुकूलित ब्लॉग पोस्ट में एम्बेड करें

अपने मार्केटिंग वीडियो के लिए प्रासंगिक खोज ट्रैफ़िक चलाने का एक बहुत अच्छा तरीका उन्हें अनुकूलित ब्लॉग पोस्ट में एम्बेड करना है। आपको बस इतना करना है कि एक लंबा-चौड़ा लेख बनाना है जहां आप अपने कीवर्ड और खोज शब्दों को लक्षित करते हैं, और पहले तीन से चार पैराग्राफ के बाद अपने वीडियो को शीर्ष पर एम्बेड करते हैं।

इस कार्यनीति के सर्वोत्तम कार्य करने के लिए, पहले YouTube पर वीडियो अपलोड करना सुनिश्चित करें, और YouTube द्वारा प्रदान किए गए कोड का उपयोग करके इसे एम्बेड करें। यह आपके वीडियो को परिणामों के पहले पृष्ठ पर रैंक करेगा क्योंकि Google YouTube से वीडियो सामग्री को प्राथमिकता देता है!

एक पेशेवर की तरह लाइव जाना

अरे दोस्तों! कोई भी उन्नत वीडियो मार्केटिंग अभियान लाइव होने की अच्छी योजना के बिना पूरा नहीं होता है। सीधे अपने दर्शकों को आकर्षित करते हुए अपने ब्रांड, अपने ऑफ़र और अपने उत्पादों को प्रदर्शित करने का एक शानदार अवसर है। वास्तव में, लाइव होना न केवल उसके लिए, बल्कि संभावित ग्राहकों के साथ बातचीत करते समय रूपांतरण बढ़ाने का भी एक बढ़िया अवसर है, और इस पाठ में हम आपको एक पेशेवर की तरह लाइव होने के लिए सर्वश्रेष्ठ प्लेटफ़ॉर्म दिखाने जा रहे हैं!

एक प्रो की तरह लाइव हो रहे हैं

YouTube अब तक लाइव होने के लिए आवश्यक प्लेटफ़ॉर्म है क्योंकि आपकी लाइव स्ट्रीम को आपके आला में अन्य वीडियो के साथ-साथ अनुशंसित फ़ीड में प्रचारित किया जाएगा! YouTube पर लाइव होने के लिए, आपको बस इतना करना है कि साइट पर कहीं से भी शीर्ष बार मेनू पर कैमरा आइकन पर क्लिक करना है, और फिर "लाइव जाएं" विकल्प पर क्लिक करना है। अगले पेज पर आपको अपने लाइव सेशन की जानकारी डालनी है। सबसे पहले, "एक शीर्षक बनाएं" फ़ील्ड में एक शीर्षक दर्ज करें।

इसके बाद, "विवरण" फ़ील्ड में अपनी लाइव स्ट्रीम के विषय का विवरण जोड़ें। अब श्रेणी का चयन करने के लिए "श्रेणी" ड्रॉप-डाउन मेनू बटन पर क्लिक करें। अब चुनें कि आपकी लाइव स्ट्रीम बच्चों के लिए बनी है या नहीं. एक बार जब आप लाइव स्ट्रीम को कॉन्फ़िगर कर लेते हैं, तो आपको लाइव होने के लिए "अभी स्ट्रीम करें" बटन पर क्लिक करना बाकी है!

एक समर्थक की तरह लाइव जा रहे हैं

फेसबुक भी लाइव होने के लिए एक शानदार प्लेटफॉर्म है क्योंकि यह आपके लाइव वीडियो को आपके व्यवसाय का अनुसरण करने वाले और "लाइव मैप" पर आपके लाइव वीडियो को बहुत बढ़ावा देगा। उपयोगकर्ता आपका लाइव वीडियो तब ढूंढ पाएंगे जब वे आपके लक्षित कीवर्ड भी खोजेंगे! फेसबुक पर लाइव होने के लिए, अपने अकाउंट में लॉग इन

करें, अपने बिजनेस पेज पर जाएं और "क्रिएट" सेक्शन में स्थित "लाइव" बटन पर क्लिक करें। एक बार लाइव विंडो में, अपने "कैमरा" का उपयोग करने के लिए या लाइव स्ट्रीमिंग सॉफ़्टवेयर के माध्यम से "कनेक्ट" करने के लिए चुनें।

अब दाईं ओर के कॉलम में अपने लाइव वीडियो की जानकारी कॉन्फ़िगर करें। सबसे पहले, "शेयर" ड्रॉप-डाउन मेनू बटन पर क्लिक करें और चुनें कि आप अपना लाइव वीडियो कहां साझा करने जा रहे हैं। इसके बाद, नीचे दिए गए टेक्स्ट फ़ील्ड में अपने लाइव वीडियो के विषय का विवरण दर्ज करें। अब अपने लाइव वीडियो का शीर्षक "शीर्षक" फ़ील्ड में जोड़ें। अब वे कीवर्ड दर्ज करें जिन्हें आप "टैग" फ़ील्ड में लक्षित करना चाहते हैं। इसके अतिरिक्त, आप "समूह चुनें" फ़ील्ड पर क्लिक करके यह चुन सकते हैं कि आप अपने किस समूह में अपना लाइव वीडियो साझा करना चाहते हैं।

अब "सेटिंग" टैब पर क्लिक करें। सबसे पहले, अपनी "लाइव वीडियो" सेटिंग चुनें। इसके बाद, यदि आप गेमिंग सामग्री का प्रचार कर रहे हैं, तो गेम का नाम दर्ज करने के लिए "वीडियो गेम" फ़ील्ड का उपयोग करें। इसके बाद, यदि आपका लाइव वीडियो 360 डिग्री वीडियो या अन्य प्रकार का गोलाकार वीडियो है, तो "360 वीडियो" के अंतर्गत विकल्पों की जांच करें।

अब "क्रॉस पोस्टिंग" अनुभाग पर जाएं और अपने किसी भी अन्य पेज का चयन करें जहां आप लाइव होने पर अपने वीडियो का प्रचार करना चाहते हैं। इसके अतिरिक्त, आप अपने लाइव वीडियो के दौरान "टिकट और ईवेंट" को बढ़ावा देने और बेचने के लिए "इंटरैक्टिव" टैब पर क्लिक कर सकते हैं, और पोल या सामान्य ज्ञान प्रश्न बनाने के लिए जो आपके दर्शक लाइव रहते हुए जवाब दे सकते हैं! एक बार जब आप अपने सभी कॉन्फ़िगरेशन सेट कर लेते हैं, तो अपना प्रसारण शुरू करने के लिए "लाइव जाएं" बटन पर क्लिक करें!

इंस्टाग्राम पर एक प्रो की तरह लाइव हो रहे हैं

इंस्टाग्राम पर अपनी सामग्री को बढ़ावा देने के लिए लाइव होने का एक और बढ़िया प्लेटफॉर्म है। अपने विज़ुअल डिस्कवरी प्रारूप के लिए धन्यवाद, Instagram आपके लाइव वीडियो के लिए आसानी से बहुत सारे जुड़ाव उत्पन्न कर सकता है। इंस्टाग्राम पर लाइव होने के लिए अपने अकाउंट में लॉग इन रहते हुए ऐप को खोलें। इसके बाद, टॉप-लेफ्ट कॉर्नर पर कैमरा आइकन पर टैप करें। एक बार निर्माण स्क्रीन में, स्क्रीन के निचले भाग में विकल्पों को टैप करें और खींचें और "लाइव" चुनें।

इसके बाद, "गो लाइव" आइकन पर टैप करें। अब आप लाइव हैं! आप अपनी स्क्रीन पर इमोजी और स्टिकर जैसे तत्वों को जोड़ने के लिए नीचे दिए गए आइकन का उपयोग कर सकते हैं, और आप "अंत" पर टैप करके प्रसारण समाप्त कर सकते हैं। और यह है मेरे दोस्तों! लाइव होने का सबसे अच्छा तरीका आपके कंप्यूटर या फोन से कुछ ही दूर है, और वे आपको तेजी से परिणाम प्राप्त करने में मदद कर सकते हैं!

7

वीडियो मार्केटिंग में वीडियो मेट्रिक्स और फ्लाईव्हील मॉडल

अपने लक्ष्यों को परिभाषित करना और परिणामों का विश्लेषण करना

इस बिंदु पर, आप पहले से ही जानते हैं कि वीडियो कैसे बनाया जाता है और इसे कहां प्रकाशित किया जाता है। लेकिन पूरी तरह से गोता लगाने से पहले, आपको अपने वीडियो उद्देश्यों को निर्धारित करना होगा और यह निर्धारित करने के लिए सर्वोत्तम मीट्रिक की पहचान करनी होगी कि आपने अपने उद्देश्यों को प्राप्त किया है या नहीं। किसी भी मार्केटिंग अभियान को शुरू करने से पहले, यह गहत्वपूर्ण है कि आप अपने मुख्य वीडियो उद्देश्यों को परिभाषित करें। यह आपको निःशुल्क परीक्षण के लिए ब्रांड जागरूकता, प्रतिबद्धता या यहां तक कि संवाद बढ़ाने में मदद करेगा।

प्रत्येक वीडियो के लिए केवल एक या दो उद्देश्य चुनना आवश्यक है। जब आप इससे अधिक निर्धारित करते हैं, तो आपका वीडियो अपना फोकस खो देगा, जिससे दर्शकों के लिए यह तय करना मुश्किल हो जाएगा कि उन्हें आगे क्या करना चाहिए। अपने लक्ष्यों के बारे में सोचते समय, अपने खरीदार और लक्षित उपयोगकर्ता व्यक्तित्व पर विचार करना सुनिश्चित करें। आप खुद से सवाल पूछ सकते हैं जैसे: वे कितने साल के हैं? वे कहाँ रहते हैं? उनके हित क्या हैं?

ये प्रश्न आपको यह निर्दिष्ट करने में मदद कर सकते हैं कि आपको किस प्रकार का वीडियो बनाना चाहिए और उसे कहाँ प्रकाशित करना चाहिए। मेट्रिक्स को समझने से आपको अपनी सफलता को निर्धारित करने और निर्धारित करने और अपने लक्ष्य निर्धारित करने में मदद मिलेगी। ये वे लोकप्रिय मीट्रिक हैं जिन्हें आप वीडियो पोस्ट करते समय और ट्रैक करते समय देख सकते हैं।

देखे जाने की संख्या

हम किसी वीडियो को जितनी बार देखते हैं उसे व्यू काउंट कहते हैं। यदि आपका लक्ष्य ब्रांड जागरूकता बढ़ाना है और इसका अर्थ है कि आपका विषय अधिक से अधिक उपयोगकर्ताओं द्वारा देखा जा सकता है तो यह मीट्रिक उपयोगी है। यह ध्यान रखना बहुत जरूरी है कि प्रत्येक वीडियो होस्टिंग प्लेटफॉर्म एक दृश्य को अलग तरह से मापता है।

दर देखें

देखे जाने की दर, वीडियो चलाने वाले लोगों की संख्या को प्राप्त होने वाले इंप्रेशन की संख्या से विभाजित करने पर प्राप्त होने वाली संख्या है. यह मीट्रिक यह परिभाषित करने में सहायता करती है कि आपका वीडियो आपके फ़ॉलोअर के लिए कितना प्रासंगिक या आकर्षक है.

सामाजिक साझाकरण और टिप्पणियाँ

यदि आप विभिन्न सामाजिक नेटवर्क का उपयोग करते हैं तो आप साझा करने और टिप्पणी करने के लिए परिचित हैं। टिप्पणियाँ और सामाजिक क्रियाएं अपने उद्देश्य दर्शकों के साथ सामग्री के महत्व के उत्कृष्ट संकेतक हैं। यदि कोई उपयोगकर्ता आपका वीडियो देखता है और अपने कुछ समय का उपयोग उसे साझा करने में करता है, तो हो सकता है कि आपने बहुत अच्छी सामग्री बनाई हो। इसी तरह सोशल नेटवर्क्स महत्वपूर्ण हैं क्योंकि आपका वीडियो जितना अधिक शेयर किया जाएगा उतनी ही बार देखा जाएगा। यदि आपका लक्ष्य बड़ी संख्या में लोगों तक पहुंचना है, तो अपने वीडियो को सोशल नेटवर्क पर साझा करना ट्रैक करने के लिए एक उत्कृष्ट मीट्रिक है।

वीडियो पूर्णता

जिस तरह आपने अपना समय वीडियो बनाने के लिए इस्तेमाल किया, आप शायद चाहते हैं कि लोग इसे अंत तक देखें, है ना? वीडियो पूर्णता एक वीडियो को अंत तक देखे जाने की संख्या है। आपके वीडियो की सफलता को निर्दिष्ट करने का प्रयास करते समय यह मीट्रिक देखे जाने की संख्या से अधिक विश्वसनीय हो सकता है।

समापन दर

वीडियो के संदर्भ में, पूर्णता दर में उन दर्शकों की संख्या शामिल होती है जिन्होंने वीडियो देखना पूरा कर लिया है और इसे अभी-अभी चलाने वाले दर्शकों की संख्या से विभाजित किया गया है। दर्शकों ने आपके वीडियो पर कैसी प्रतिक्रिया दी है, इसे मापने के लिए पूर्णता दर और अन्य इंटरैक्शन मीट्रिक का उपयोग करना एक शानदार तरीका है। क्या आपके पास पूर्णता दर है? क्या सभी उपयोगकर्ता एक निश्चित बिंदु पर देखना छोड़ देते हैं? यह संकेत दे सकता है कि आपके वीडियो में जो है वह आपके लक्षित दर्शकों के अनुरूप नहीं है।

दर के माध्यम से क्लिक करें

क्लिक-थ्रू दर वह प्रतिशत है जो आपके कॉल टू एक्शन पर क्लिक की संख्या को दृश्यों की संख्या से विभाजित करने से प्राप्त होता है। CTR इस बात का एक बहुत ही महत्वपूर्ण

संकेतक है कि आपका वीडियो लोगों को आपकी मनचाही कार्रवाई करने के लिए कितना अच्छा है। यदि आपको कम क्लिक-थू दर मिल रही है, तो आपको अपने कॉल टू एक्शन के टेक्स्ट और डिज़ाइन को संपादित करने पर विचार करना चाहिए।

रूपांतरण दर

सरल शब्दों में रूपांतरण दर एक प्रतिशत द्वारा दर्शायी जाने वाली संख्या है जो आपकी वांछित कार्रवाई (उदाहरण के लिए लीड या बिक्री) को पूरा करने वाले लोगों की संख्या को उस वांछित क्रिया को करने से पहले पूर्वावलोकन करने वाले लोगों की संख्या से विभाजित करने से प्राप्त होती है (उदाहरण के लिए इंप्रेशन, क्लिक) .यदि आपका चयन पृष्ठ वीडियो का उपयोग नहीं करता है, तो आपको यह देखने के लिए एक वीडियो जोड़ने पर विचार करना चाहिए कि क्या आप अपनी रूपांतरण दर में सुधार कर सकते हैं।

बाउंस दर और टाइम-ऑन-पेज

यदि आप किसी वेब पेज पर वीडियो एम्बेड करने की सोच रहे हैं, तो पेज की बाउंस दर पर ध्यान दें और वीडियो जोड़ने से पहले पेज पर उपयोगकर्ताओं द्वारा बिताए गए समय को गिनें। यह देखने के लिए कि क्या यह उपयोगकर्ताओं के आपकी सामग्री के साथ इंटरैक्ट करने के तरीके को बदलता है या नहीं, आपको वीडियो डालने के बाद मेट्रिक्स की जांच करना सुनिश्चित करना चाहिए।

वीडियो मार्केटिंग में मॉडल का उपयोग करना

शामिल समय, धन और संसाधनों को ध्यान में रखते हुए, वीडियो मार्केटिंग एक आवेगी अनुमान लगाने वाला खेल नहीं बन सकता है। इसके बजाय, आपको एक व्यापक वीडियो मार्केटिंग योजना बनानी चाहिए जो आपकी पेशकश के सभी पहलुओं पर लागू हो।

इसका तात्पर्य इनबाउंड कार्यप्रणाली के संदर्भ में सोच है।

इनबाउंड कार्यप्रणाली

इनबाउंड कार्यप्रणाली मार्केटिंग और बिक्री का उद्देश्य है जो प्रासंगिक और उपयोगी सामग्री इंटरैक्शन के माध्यम से ग्राहकों को आकर्षित करने पर केंद्रित है। आपके द्वारा बनाए गए प्रत्येक वीडियो को आपके दर्शकों की चुनौतियों को पहचानना चाहिए और समाधान प्रदान करना चाहिए।

आकर्षित (विपणन)

अजनबियों को आकर्षित करना या उन्हें आगंतुकों में बदलना इनबाउंड पद्धति का पहला चरण है। इस चरण में, उपयोगकर्ता अपनी चुनौतियों को पहचानते हैं और तय करते हैं कि उन्हें समाधान तलाशना चाहिए या नहीं। इसलिए, आपके द्वारा बनाए गए वीडियो उपयोगकर्ता की समस्याओं के प्रति सहानुभूतिपूर्ण होने चाहिए और इसमें आपके उत्पाद या सेवा के साथ एक संभावित समाधान शामिल होना चाहिए। इसलिए, इस प्रकार के वीडियो का उद्देश्य पहुंच बढ़ाना और विश्वास बनाना है।

कनवर्ट करें (विपणन + बिक्री)

आप पहले ही अपना लक्ष्य प्राप्त कर चुके हैं, जो वीडियो दर्शकों और वेबसाइट विज़िटर को आकर्षित करना था, इन विज़िट को संभावित ग्राहक बनाना निम्नलिखित है । ये वीडियो ईमेल द्वारा भेजे गए सामरिक सलाह या उत्पाद प्रदर्शनों से भरा एक वेबिनार शामिल कर सकते हैं। एक आकर्षण वीडियो एक बिक्री पिच हासिल करने के लिए एक त्वरित सिफारिश प्रदान कर सकता है। इसके विपरीत, एक रूपांतरण वीडियो एक एनिमेटेड व्याख्यात्मक वीडियो हो सकता है जो लोगों को संभावित बिक्री तक ले जाने में मदद करता है।

बंद करें (बिक्री)

वीडियो के साथ आपने नए अनुयायियों को आकर्षित किया है और उनमें से कुछ आगंतुकों को संभावित ग्राहकों में बदल दिया है। अब इन संभावित ग्राहकों को बंद करने का समय आ गया है। हालांकि, इस चरण के महत्व के बावजूद, विक्रेता "समापन" वीडियो में पर्याप्त महत्व नहीं देते हैं। इस प्रक्रिया में, उपभोक्ता खरीदारी करने के संबंध में अपने विकल्पों को संतुलित करता है। इस वीडियो का उद्देश्य आपके दर्शकों को आपके उत्पाद या सेवा का उपयोग करके खुद की कल्पना करना है।

एक कारण है कि 4 गुना अधिक ग्राहक किसी उत्पाद के बारे में पढ़ने के बजाय उसके बारे में वीडियो देखना पसंद करते हैं। वीडियो कार्यक्षमता दिखाते हैं और भावनाओं को इस तरह से उजागर करते हैं कि एक उत्पाद विवरण कभी नहीं कर सकता। अद्भुत समापन वीडियो में प्रशंसापत्र, उत्पाद प्रदर्शन या वैयक्तिकृत वीडियो होते हैं जो बताते हैं कि आपका उत्पाद उनकी मदद कैसे कर सकता है।

प्रसन्नता (सेवा)

खुशी के चरण के दौरान आपको अपने अनुयायियों को उत्कृष्ट सामग्री प्रदान करना जारी रखना चाहिए जो आपकी सेवा या उत्पाद के साथ उनकी बातचीत को कुछ असाधारण में ले जाती है। उन्हें यह भी उम्मीद है कि उनके अनुभव बताए जा सकते हैं। इस प्रकार के वीडियो का उद्देश्य उपयोगकर्ताओं को उत्साही प्रशंसक बनने के लिए प्रोत्साहित करना है। उपयोगकर्ताओं का समुदाय में स्वागत करने के लिए उन्हें धन्यवाद वीडियो भेजने पर विचार करें।

8

वीडियो मार्केटिंग में सोशल मीडिया औरआउटसोर्स

सर्वश्रेष्ठ वीडियो मार्केटिंग सोशल प्लेटफॉर्म पर विचार करें

इससे पहले कि आप अपना वीडियो प्रोजेक्ट बनाना शुरू करें, आइए पहले 7 मुख्य प्लेटफॉर्म पर एक नज़र डालें। एक बार जब आपको यह सारी जानकारी प्रदान कर दी जाती है, तो आप अपने व्यवसाय के लिए सर्वोत्तम उन्नत वीडियो मार्केटिंग रणनीतियों को डिजाइन करने में सक्षम होंगे।

यूट्यूब [डेस्कटॉप और मोबाइल]

इस प्लेटफ़ॉर्म के दुनिया भर में एक अरब से अधिक उपयोगकर्ता हैं, जिसमें प्रतिदिन लाखों घंटे वीडियो देखे जाते हैं। इसकी जनसांख्यिकी बहुत बड़ी है और इसमें अनिवार्य रूप से 18 से 49 के बीच के लोग शामिल हैं। आपके वीडियो की अधिकतम अवधि 11 घंटे है। इन सभी विशेषताओं के साथ आप कह सकते हैं कि आपकी कंपनी के लिए एक YouTube चैनल होना आवश्यक है, जो आपकी वीडियो सामग्री के लिए एक पुस्तकालय के रूप में काम करेगा।

फेसबुक [डेस्कटॉप और मोबाइल]

फेसबुक पर हर दिन 4 अरब से अधिक वीडियो देखे जाते हैं, उनमें से 75% दृश्य मोबाइल उपकरणों से बनाए जाते हैं। 71% वयस्क जो ऑनलाइन फेसबुक का उपयोग करते हैं।

फेसबुक लाइव अपने सभी यूज़र्स के लिए उपलब्ध है। अपलोड किए गए वीडियो में 20 मिनट का सीमित समय होता है।

ट्विटर [डेस्कटॉप और मोबाइल]

यहां वीडियो 30 सेकंड तक सीमित हैं। ऑनलाइन होने वाले 2.3% वयस्क ट्विटर का उपयोग करते हैं।

यह पेरिस्कोप के साथ शामिल है।

इंस्टाग्राम [मोबाइल]

इस एप्लिकेशन पर वीडियो की अवधि 15 से 60 सेकंड तक बढ़ा दी गई थी।

दो स्पर्श ताकि आप अपने वीडियो ट्विटर या फेसबुक पर साझा कर सकें। इसके मासिक 300 मिलियन सक्रिय उपयोगकर्ता हैं।

स्नैप चैट [मोबाइल]

इसका सबसे बड़ा जनसांख्यिकीय समूह 13 से 24 साल के युवाओं से बना है।

इसके 100 मिलियन से अधिक दैनिक सक्रिय उपयोगकर्ता हैं। उनकी कहानियाँ केवल 24 घंटे के लिए उपलब्ध हैं।

ब्लैब [डेस्कटॉप और मोबाइल]

वास्तविक समय में वीडियो स्ट्रीम करें। ट्विटर के साथ लॉगिन का एकीकरण आपके प्रसारण की दृश्यता को बढ़ाने में मदद करता है।

पेरिस्कोप [मोबाइल]

इसके 10,000,000 से अधिक उपयोगकर्ता हैं। 29% पेरिस्कोप वीडियो महिलाओं द्वारा प्रकाशित किए जाते हैं। अब तक 100,000,000 प्रसारण। यह स्वचालित रूप से ट्विटर के साथ एकीकृत हो जाता है।

प्रतिदिन 350,000 घंटे के वीडियो का सीधा प्रसारण किया जाता है।

सामाजिक सोच के साथ अपनी वीडियो मार्केटिंग रणनीतियां विकसित करें

अब जब आपके पास वीडियो टूल के बारे में कुछ डेटा है, तो यह देखने का समय है कि आप अपने व्यवसाय के लिए इन प्लेटफार्मों का उपयोग कैसे कर सकते हैं। मेरा सुझाव है कि यदि आपने अभी तक वीडियो का उपयोग शुरू नहीं किया है, तो सोशल मीडिया इसे शुरू करना आसान बनाता है। आपको महंगे वीडियो उपकरण में तुरंत निवेश करने की आवश्यकता नहीं है।

वेबकैम और स्मार्टफोन का उपयोग करें ताकि आप उन वीडियो टूल का अध्ययन कर सकें जिनका आप उपयोग करना चाहते हैं।

आपको उपरोक्त सभी वीडियो प्लेटफॉर्म का उपयोग करने की आवश्यकता नहीं है। यदि आपका लक्ष्य ब्रांड जागरूकता है और आपके अनुयायी फेसबुक पर हैं, तो फेसबुक लाइव के साथ परीक्षण शुरू करें।

इन उन्नत सामाजिक वीडियो मार्केटिंग रणनीतियों पर विचार करें

यदि आप वास्तव में वीडियो मार्केटिंग में अपने निवेश का अधिकतम लाभ उठाना चाहते हैं, तो आपको यह जानने के लिए विभिन्न तकनीकों को आजमाने की आवश्यकता होगी कि किस प्रकार का वीडियो आपके अनुयायियों को सबसे अधिक आकर्षित करता है।

संक्षिप्त रूप [इंस्टाग्राम , ट्विटर और स्नैपचैट]

√ अपने कार्यालयों का एक त्वरित वीडियो दौरा दें

उत्पाद लॉन्च या उत्पाद की अनपैकिंग रिकॉर्ड करें

√ एक कंपनी के आयोजन में मंच के पीछे रिकॉर्ड

√ लाइव इवेंट में कुछ इंटरव्यू रिकॉर्ड करें

मैं कुछ त्वरित तरीके से युक्तियाँ तैयार करें और इसे एक वीडियो में बदलें

त्वरित वीडियो के साथ ट्वीट का जवाब दें

√ वीडियो पर कुछ प्रश्नोत्तर सत्र शुरू करें

मैं स्वतःस्फूर्त हो । संभावनाएं असीमित हैं

लंबा रूप [पेरिस्कोप, ब्लैब और फेसबुक]

प्रशिक्षण _

साक्षात्कार _

आयोजन _

अनुदान संचय

मैं जीवन में एक दिन

समीक्षा _

मुझसे कुछ भी पूछो

आभासी सम्मेलन

कॉल टू एक्शन सेट करें

संभवत: आपका वीडियो बनाते समय याद रखने वाली सबसे महत्वपूर्ण बात आपकी कॉल टू एक्शन (सीटीए) है। आप क्या चाहते हैं कि आपके अनुयायी आपका वीडियो देखने के अंत में क्या करें? वीडियो बनाने और सीटीए को भूलने के उत्साह से कैद होना बहुत आसान है। रिकॉर्ड बटन दबाने से पहले आपको अपना सीटीए निर्धारित करना होगा। इसे अपने वार्तालाप बिंदुओं में शामिल करें और इस तरह आप इसे नहीं भूलेंगे। सीटीए "प्लेटफॉर्म वाई पर मुझे फॉलो करें" या "अधिक जानकारी के लिए मेरे बायो में लिंक देखें" के रूप में सरल हो सकता है।

लघु प्रपत्र वीडियो का प्रयास करें

चूंकि आप इंस्टाग्राम पर 60 सेकेंड के वीडियो बना सकते हैं, तो आपके पास रचनात्मकता के लिए काफी जगह है। वीडियो बनाने में आपकी मदद करने के लिए कई तरह के एप्लिकेशन हैं। हमारे पास फ्लिप ग्राम है जिसका उपयोग छवियों की एक श्रृंखला को एक वीडियो में समूहित करने के लिए किया जाता है। हाइपर लैप्स एक अन्य टूल है जिसका उपयोग टाइम-लैप्स वीडियो बनाने के लिए किया जाता है। बूमरैंग एक और टूल है जो कई तस्वीरें लेता है और उन्हें एक मिनी वीडियो में एक साथ जोड़ता है जो आगे और पीछे चलता है, जो बहुत बढ़िया लगता है।

लॉन्ग फॉर्म वीडियो ट्राई करें

निर्देश देने की कोशिश में किम गारस्ट ने पेरिस्कोप की कला पर विजय प्राप्त की है। उसकी पहुंच पेरिस्कोप एप्लिकेशन के भीतर देखी जा सकती है। लेकिन किम न केवल पेरिस्कोप प्रसारण करती है, वह अपने फेसबुक पेज पर उसी समय फेसबुक लाइव के साथ

प्रसारण भी करती है। इसका मतलब है कि आप भी अपने फॉलोअर्स तक पहुंच सकते हैं, चाहे वे किसी भी प्लेटफॉर्म पर हों। यह एक रणनीति है जो एक मार्गदर्शक और मॉडल के रूप में कार्य करती है।

सही तरीके से आउटसोर्स करना

यदि आप एक छोटी या मध्यम आकार की कंपनी के व्यवस्थापक हैं, तो आप पूर्णकालिक काम करने वाले वीडियो मार्केटर को किराए पर नहीं ले सकते। यह बस व्यावहारिक नहीं है। सौभाग्य से सुपर कनेक्टेड डिजिटल दुनिया में, आपके पास अपने वीडियो मार्केटिंग कार्य को आउटसोर्स करने के कई अवसर हैं। यह आपकी कंपनी के पैसे बचाता है जबकि आप क्षेत्र में एक पेशेवर के अनुभव का उपयोग कर सकते हैं। ये 7 लाभ हैं जो आपके वीडियो मार्केटिंग प्रोजेक्ट को आउटसोर्स करते समय आते हैं।

स्टाफ़ की समस्याएँ मार्केटिंग भाग को प्रभावित नहीं करेंगी

एक सफल वीडियो मार्केटिंग रणनीति की एक महत्वपूर्ण कुंजी निरंतरता है।

जब आपकी कंपनी में जटिल घटनाएँ या परिस्थितियाँ हों, जैसे स्टाफ बदलना या कुछ कर्मचारी छुट्टी पर जा रहे हों। यह सब आपकी वीडियो मार्केटिंग रणनीति की रुचि को बदतर के लिए मोड़ने का कारण बन सकता है।

एक मार्केटिंग सेवा एजेंसी की सेवाओं का उपयोग करके, आप विश्वसनीय और उच्च प्रशिक्षित लोगों पर भरोसा कर सकते हैं जो आपकी कंपनी के वीडियो मार्केटिंग को संचालित कर सकते हैं।

किसी भी कारण से कर्मचारियों की अनुपस्थिति हो, आपकी वीडियो मार्केटिंग योजना में कोई अंतर नहीं होना चाहिए।

आप अपने निपटान में एक पूरी टीम रख सकते हैं

अपने वीडियो मार्केटिंग प्रोजेक्ट प्रदर्शित करते समय, आप विधिवत योग्य लोगों के अनुभव का उपयोग कर सकते हैं जो आपके व्यवसाय के लिए उपयुक्त मार्केटिंग रणनीतियों पर शोध, निर्माण और कार्यान्वयन कर सकते हैं। लंबे समय तक उद्योग में रहने के लिए धन्यवाद, कई अलग-अलग ग्राहकों के साथ काम करते हुए, आप निश्चिंत हो सकते हैं कि वे सभी वीडियो सेवा प्रदाता आपके वांछित समय पर प्रीमियम गुणवत्ता वाले परिणाम देने के लिए तैयार होंगे।

अधिक खुला परिप्रेक्ष्य

आपकी कंपनी के भीतर व्यक्तिगत रूप से काम करने वाला कोई भी व्यक्ति अब महत्वपूर्ण बाहरी दृष्टि का हिस्सा नहीं देख पाएगा जो आपकी वीडियो मार्केटिंग रणनीति की सफलता को बना या बिगाड़ सकता है। आपके कर्मचारी केवल उत्पादन पर ध्यान केंद्रित करते हैं। यह सोच वर्तमान अवसरों और प्रगतिशील विपणन रणनीतियों की खोज को कठिन बना सकती है। इसलिए आपके वीडियो मार्केटिंग को आउटसोर्स करने से आपको अपनी मार्केटिंग रणनीतियों पर एक वर्तमान परिप्रेक्ष्य प्राप्त करने में मदद मिलेगी।

अपनी टीम में काम करने के लिए किसी को काम पर रखने से, आप अपने परिणामों के अनुसार उनके वेतन का आधार नहीं बना सकते। जब आप आउटसोर्स करते हैं तो ऐसा नहीं होता है। यदि आप वीडियो मार्केटिंग में महान अनुभव वाले व्यक्ति को काम पर रखते हैं, तो आप यह सुनिश्चत कर सकते हैं कि आप जो पैसा खर्च कर रहे हैं, वह उन चीजों में ठीक से निवेश किया जा रहा है जो आपके संदेश को प्रसारित करने में मदद करेंगे।

एक एजेंसी सहमत परिणाम प्राप्त करने के लिए आवश्यक समय और प्रयास का उपयोग करेगी, आपको एक संतुष्ट और लाभदायक ग्राहक बनाए रखेगी। एक पूर्णकालिक कर्मचारी के पास यह निरंतर प्रेरणा नहीं हो सकती है, क्योंकि वे अपनी स्थिति में कुछ हद तक "बंद" महसूस कर सकते हैं।

आप अद्यतन दिमाग प्राप्त करें

एक व्यक्ति जिसे पिछले साल वीडियो मार्केटिंग रणनीति में प्रशिक्षित किया गया था, उसके पास एक टीम के समान प्रतिस्पर्धात्मक लाभ नहीं होता है जिसे लगातार अपडेट किया जा रहा है और सभी नए उद्योग अपडेट के साथ अद्यतित है। इसका मतलब यह है कि आपके वीडियो मार्केटिंग को एक विशेष टीम को आउटसोर्स करने से आपको नए रुझानों और वीडियो मार्केटिंग के दृष्टिकोण से आगे रहने में मदद मिलेगी।

किसी भी तरह, वीडियो क्षेत्र लगातार बदल रहा है। यह बहुत महत्वपूर्ण है कि आपका वीडियो बाज़ारिया इन परिवर्तनों में शामिल होना बंद न करे और उन्हें बार-बार अपनाए।

आप व्हाट मैटर्स मोस्ट पर ध्यान केंद्रित करने में सक्षम होंगे

संभवत: किसी विशेष टीम को नौकरी आउटसोर्स करने की सबसे अच्छी चीजों में से एक यह है कि आप और आपके प्रबंधक उन चीजों पर ध्यान केंद्रित करना जारी रख सकते हैं जो आप सबसे अच्छा करते हैं और उन नौकरियों पर जो व्यवसाय का केंद्र हैं। ऐसा करने से, यह वीडियो मार्केटिंग की दृष्टि को कंपनी के कार्यभार और अभिविन्यास में शामिल करने के बजाय एक स्वायत्त प्रक्रिया के रूप में बनाए रखता है। यह आपकी वीडियो मार्केटिंग रणनीति को आगे बढ़ने में मदद करेगा, भले ही आपकी कंपनी के काम के माहौल में कुछ भी हो रहा हो।

यदि आवश्यक हो तो आप उन्हें बदल सकते हैं

आपकी वीडियो मार्केटिंग एजेंसी इस बात से अवगत है कि, आपके व्यवसाय पर लगातार लाभ पहुंचाए बिना, इसे पलक झपकते ही बदला जा सकता है। वे जानते हैं कि वे एक अनुबंध की स्थिति में काम कर रहे हैं जो किसी भी समय समाप्त हो सकता है। इसका मतलब है कि वे आपकी वीडियो मार्केटिंग रणनीतियों को लगातार अनुकूलित करने के लिए प्रेरित होते हैं।

इस प्रकार आउटसोर्सिंग आपकी कंपनी को ऐसे लोगों से सर्वोत्तम परिणाम प्राप्त करने में मदद कर सकती है जो "वहां रहे हैं", "ऐसा किया है" और लगातार उद्योग के नए समय के अनुकूल होना पड़ता है क्योंकि उनकी सफलता इस पर निर्भर करती है।

9

वीडियो मार्केटिंग क्या करें और क्या न करें

यदि आप चाहते हैं कि आपके उपयोगकर्ता आपके द्वारा अपने नेटवर्क पर प्रकाशित वीडियो से पूरी तरह प्रभावित हों, और फिर अपने वीडियो मार्केटिंग को सफल बनाने के लिए इन युक्तियों का पालन करें।

करने योग्य

- एक अविस्मरणीय परिचय बनाएं
- आप जिस तरह से वीडियो शुरू करते हैं वह बेहद महत्वपूर्ण है और दर्शकों को प्रेरित करना चाहिए। यह मनोरंजक और सूचनात्मक होना चाहिए और दर्शकों को एक और वीडियो देखने के लिए प्रोत्साहित करना चाहिए।
- मजेदार रहो
- सोशल नेटवर्क पर कोई भी बोरिंग वीडियो नहीं देखना चाहता। फिर सुनिश्चित करें कि आपके वीडियो मनोरंजक हैं। याद रखें कि कई उपयोगकर्ता मनोरंजन के उद्देश्य से वीडियो देखते हैं।
- एक आकर्षक शीर्षक का प्रयोग करें
- अपना वीडियो बनाते समय, शीर्षक बहुत ही रोमांचक, हड़ताली होना चाहिए ताकि यह तुरंत आपके अनुयायियों का ध्यान आकर्षित कर सके।
- अपने वीडियो को टैग करने के लिए कीवर्ड का उपयोग करें
- Google को वीडियो सामग्री पसंद है और एक मार्केटिंग अभियान के प्रभावी होने के लिए, आपको खोज इंजन अनुकूलन को ध्यान में रखना होगा।
- इसलिए, अपने वीडियो के एसईओ मूल्य को सुनिश्चित करने के लिए, विवरण अच्छी तरह से लिखा जाना चाहिए और उल्लेखनीय कीवर्ड के साथ टैग किया जाना चाहिए जो वीडियो के एसईओ को बढ़ावा देने में मदद करेगा।

- अपने अनुयायियों को निर्देश दें
- जैसा कि डिजिटल मार्केटिंग इंस्टीट्यूट की रिपोर्ट है, वीडियो को प्रभावी बनाने के सबसे शक्तिशाली तरीकों में से एक है, अनुयायियों को कार्रवाई करने का निर्देश देना।
- लघु वीडियो बनाएं
- आमतौर पर ऑनलाइन अनुयायी तत्काल संतुष्टि की तलाश में रहते हैं।
- इस कारण से, मार्केटिंग वीडियो जो छोटे होते हैं, उनमें लंबे समय से बेहतर काम करने की प्रवृति होती है।
- एक विशेषज्ञ आवाज का प्रयोग करें
- एक विशेषज्ञ आवाज प्रतिभा की सेवाओं का उपयोग करने से आपके वीडियो बहुत कम अनुभव वाले किसी व्यक्ति की तुलना में अधिक पेशेवर बन जाएंगे।
- माइक्रो वीडियो अनुप्रयोगों के उपयोग का अध्ययन करें
- वीडियो मार्केटिंग विशेषज्ञों को माइक्रो वीडियो एप्लिकेशन के उपयोग को ध्यान में रखना चाहिए, जो वीडियो को 10 सेकंड से कम समय तक कम कर देता है, जो उन्हें इंस्टाग्राम और ट्विटर पर साझा करने के लिए आदर्श बनाता है।
- अपने अनुयायियों से पूछें
- कुछ ऐसा जो आपके वीडियो के जुड़ाव पर बहुत सकारात्मक प्रभाव डालेगा, वह है आपके फ़ॉलोअर्स से ऐसी बातें पूछ रहे हैं जिनका उत्तर वे आपके वीडियो के कमेंट सेक्शन में दे सकते हैं।
- ट्यूटोरियल वीडियो का प्रयोग करें
- लोग चीजें करना सीखना पसंद करते हैं, और ट्यूटोरियल वीडियो में इसे कैसे करना है, यह दिखाने से बेहतर कोई तरीका नहीं है।
- यदि आप चाहते हैं कि आपके उपयोगकर्ता आपके द्वारा उनके नेटवर्क पर पोस्ट किए जाने वाले वीडियो से प्यार करें, तो ऐसा करें।

क्या न करें

- बोरिंग मत बनो
- यह मत मानो कि सभी कॉर्पोरेट वीडियो गंभीर होने चाहिए। आपके वीडियो में रुचि पैदा करने के लिए अच्छे हास्य का स्पर्श बहुत मददगार हो सकता है।
- पूर्णता के साथ व्यस्त न हों
- याद रखें कि मार्केटिंग वीडियो हॉलीवुड की फिल्में नहीं हैं और कोई भी उनके परफेक्ट होने की गिनती नहीं करता है।
- उत्पादन गुणवत्ता मत भूलना

- यह आवश्यक है कि एक मार्केटिंग वीडियो पेशेवर रूप से तैयार किया जाए। लाइटिंग से लेकर कैमरा वर्क तक, उच्च गुणवत्ता वाले वॉयसओवर तक, यह सुनिश्चित करने के लिए एक विशेष कंपनी के अनुभव पर भरोसा करना एक अच्छा विचार होगा कि वीडियो उच्चतम गुणवत्ता का बना है।
- केवल बिक्री पर ध्यान न दें
- मार्केटिंग वीडियो से ज्यादा कष्टप्रद कुछ नहीं है जो केवल बिक्री पर ध्यान केंद्रित करता है।
- इसलिए केवल बिक्री पर ध्यान केंद्रित न करें, उस मूल्य पर ध्यान केंद्रित करें जो आप अपने अनुयायियों को अपने वीडियो के साथ प्रदान कर रहे हैं।
- एनालिटिक्स का इस्तेमाल करना न भूलें
- जैसा कि आप अपनी सुनियोजित वीडियो मार्केटिंग योजना को लागू करते हैं, अपने विश्लेषण का अध्ययन करके अपनी वीडियो मार्केटिंग रणनीति को सत्यापित करना न भूलें।
- सभी प्लेटफार्मों का उपयोग करना बंद न करें
- यदि आप लोगों को मोबाइल डिवाइस का उपयोग करते हुए देखते हैं, तो आप निश्चित रूप से उन्हें वीडियो देखते हुए पाएंगे।
- लेकिन, यह सच नहीं है कि हर वीडियो जो ये लोग देख रहे हैं, उसी वीडियो होस्टिंग प्लेटफॉर्म पर हैं।
- तत्काल परिणाम की अपेक्षा न करें
- अच्छे परिणाम मिलने में समय और मेहनत लगती है। यह आपकी वीडियो मार्केटिंग रणनीति पर भी लागू होता है। रातोंरात असाधारण परिणामों की अपेक्षा न करें।
- अपनी बिक्री पिच को बढ़ा-चढ़ाकर पेश न करें
- अपने ग्राहकों को खरीदारी करने के लिए मजबूर करने की कोशिश न करें क्योंकि इससे वे परेशान होंगे।
- अपने वीडियो को संदेशों से न भरें
- अपने सभी मार्केटिंग संदेशों को एक ही वीडियो में न डालें। फिर से, दर्शकों को यह बहुत कष्टप्रद लगता है।
- बहुत लंबे वीडियो न बनाएं
- याद रखें कि आज लोगों के पास पर्याप्त समय या धैर्य नहीं है, इसलिए यदि आप चाहते हैं कि आपके ग्राहक आपके वीडियो देखें, तो लंबे वीडियो को अधिकतम 5 मिनट बनाने का प्रयास करें।

10

वीडियो मार्केटिंग टूल्स और सेवाओं

ओकुलु.कॉम

Oculu एक ऐसा प्लेटफॉर्म है जिसका उपयोग किसी भी वेब पेज, विज्ञापन नेटवर्क या मोबाइल डिवाइस पर ओवरले, पेश किए गए और लाइटबॉक्स वीडियो प्रकाशित करने के लिए किया जाता है।

वीडियो को तुरंत रिलीज़ किया जाता है, उपयोगी रिपोर्टिंग टूल के साथ महत्वपूर्ण डेटा एकत्र करते हुए सही वीडियो प्रदान करता है। Oculo विभिन्न प्रकार के पैकेज प्रदान करता है जो $20 प्रति माह से लेकर एक हज़ार पुनरुत्पादन तक $245 प्रति माह तक पचास हज़ार पुनरुत्पादन के लिए होता है। इसमें कस्टम पैकेज भी हैं। इसके ग्राहकों में हैं: कैनन, बैंक ऑफ अमेरिका, रैप्सोडी, लिस्टिंगबुक , एएआरपी, और मिट रोमनी अभियान।

स्नैपएप.कॉम

SnapApp एक ऐसा मंच है जहां इंटरैक्टिव सामग्री बनाई जाती है, जिसका उपयोग कंपनियों द्वारा वेब, सोशल नेटवर्क, ईमेल और मोबाइल उपकरणों पर संभावित ग्राहक और राजस्व उत्पन्न करने के लिए किया जाता है। आप कई अनुकूलन योग्य सामग्री प्रकारों में से चुन सकते हैं जो आपको 50% से अधिक की क्लिक दर और 80% से अधिक की रूपांतरण दर ला सकते हैं। यह आपके मूल्य को बढ़ाने और सुधारने के लिए आपके मौजूदा सिस्टम और टूल के साथ काम करता है ताकि आप अपना अधिकतम लाभ उठा सकें निवेश।

मीडियाप्लेटफार्म.कॉम

MediaPlatform सार्वभौमिक कंपनियों और डिजिटल मीडिया उत्पादकों के लिए सर्वोत्तम मीडिया ट्रांसमिशन और इंटरनेट ट्रांसफर तकनीक प्रदान करता है। सॉफ्टवेयर उन प्रस्तुतियों का निर्माण करता है जिनका लीड जनरेशन और कॉर्पोरेट प्रशिक्षण पर बहुत प्रभाव पड़ता है।

स्प्राउटवीडियो.कॉम

SproutVideo छोटे और मध्यम आकार की कंपनियों के लिए एक अच्छा और उपयोग में आसान वीडियो होस्टिंग समाधान है। प्लेटफ़ॉर्म वीडियो अपलोड करने की प्रक्रिया को संभालना बहुत आसान बनाता है, कस्टम सिग्नेचर वीडियो रिप्ले बनाता है, सुरक्षा सुविधाएँ जोड़ता है और जुड़ाव और वीडियो विश्लेषण को ट्रैक करता है। इसकी कुछ विशेषताओं में होस्टिंग और वीडियो वितरण, लीड जनरेशन, प्लेलिस्ट, उन्नत विश्लेषण, एसईओ वीडियो, मोबाइल वीडियो, गोपनीयता विकल्प, डोमेन श्वेत सूची और एसएसएल इनले शामिल हैं। इसका मुख्यालय न्यूयॉर्क में है और इसकी योजना $25 से शुरू होकर $4,400 प्रति माह तक है।

कल्टुरा.कॉम

कल्टुरा एक ऑनलाइन वीडियो प्लेटफ़ॉर्म प्रदान करता है जो मीडिया कंपनियों को वीडियो प्रबंधन, प्रकाशन और मुद्रीकरण के लिए आधुनिक उपकरण प्रदान करता है। आंतरिक ज्ञान साझा करने, तैयारी और सहयोग को बढ़ावा देने और अधिक प्रभावी विपणन के लिए कंपनियां कल्टुरा के वीडियो टूल का उपयोग करती हैं। कल्टुरा विभिन्न पैकेजों में अपने समाधान प्रदान करता है ताकि वे स्थानीय और क्लाउड-आधारित वातावरण में लागू करने के लिए बहुत सरल हों। कल्टुरा के निम्नलिखित क्लाइंट एबीसी न्यूज, पैरामाउंट, एचबीओ, वार्नर ब्रदर्स, द टाइम्स ऑफ इंडिया, एसएपी, एक्सेंचर सहित अन्य हैं।

विदयार्ड.कॉम

विदयार्ड वीडियो होस्ट करता है और उनकी प्रभावशीलता का विश्लेषण करता है जो उन्हें एक शक्तिशाली मार्केटिंग टूल बनाता है। विदयार्ड आपके वीडियो संग्रह को प्रबंधित करने के लिए आवश्यक हर चीज की आपूर्ति करता है और आपके आगंतुकों के लिए एक उत्कृष्ट देखने का अनुभव सुनिश्चित करता है। वीडियो होस्ट करने के लिए vidyard का सरल उपयोग , एक विशेष समाधान में दृश्यता, नियंत्रण और अनुकूलन को शामिल करके, ऑनलाइन वीडियो का उपयोग करने में आने वाली बाधाओं को दूर करता है। विदयार्ड अपने मूल्य निर्धारण में कई प्रकार के स्तर प्रदान करता है। ये उनके कुछ ग्राहक हैं, नेटसुइट , एनईएस फाइनेंशियल, मिटेल , एक्ट-ऑन, लेनोवो और ट्रैवलमीडिया ।

यूस्टूडियो.कॉम

uStudio कंपनियों को किसी भी वीडियो की मेजबानी, प्रबंधन, वितरण और उसके मूल्य को मापने का एक तरीका प्रदान करता है। सादगी और दक्षता के दर्शन के आधार पर, यूस्टूडियो तकनीकी जटिलता को स्वचालित करता है और वीडियो को कहीं से भी कहीं भी आसानी से ले जाता है। इस प्लेटफॉर्म पर कीमतें 500 डॉलर प्रति माह से शुरू होती हैं और वहां से ऊपर जाती हैं।

ट्वेंटीथ्री.नेट

ट्वेंटी थ्री विशेष रूप से कंपनियों और संगठनों के लिए बनाए गए क्लाउड वीडियो सीएमएस के माध्यम से वीडियो होस्टिंग और वीडियो साइट समाधान प्रदान करता है।

ट्वेंटी थ्री एक ऑल-इन-वन वीडियो अनुभव समाधान प्रदान करता है।

लूपलॉजिक.कॉम

लूपलॉजिक उन कंपनियों के लिए एनालिटिक्स और लीड जनरेशन के साथ वीडियो प्रदान करता है जो रणनीतिक रूप से वीडियो का उपयोग करना चाहती हैं। तकनीक आपके ब्लॉग, मास ईमेल, मार्केटिंग और अन्य एप्लिकेशन के साथ स्वचालित रूप से काम करती है।

अक्सर पूछे जाने वाले प्रश्न

क्या एक वीडियो काफी है?

आपको अपने ग्राहकों तक पहुंचने की जरूरत है, ताकि आप उनसे बातचीत कर सकें और इस तरह उन्हें जान सकें और जान सकें कि उनकी क्या जरूरत है। क्या यह वास्तव में एक वीडियो के माध्यम से हासिल किया जा सकता है? यह वह सवाल है जो आपको वास्तव में खुद से पूछना चाहिए। आपको कई खुलासा करने वाले वीडियो बनाने चाहिए जो आपके दर्शकों को दिखाते हैं कि आप कौन हैं। यह आपकी ऑनलाइन सेवा का अधिकतम लाभ उठाने के लिए आपके ब्रांड, उत्पाद या सेवा की भव्यता को दर्शाता है। और आपके ब्रांड जागरूकता का विस्तार करने के लिए विभिन्न प्रकार के वीडियो भी बहुत मददगार होंगे।

मैं वीडियो सामग्री को रोचक कैसे बनाऊं?

अपने अनुयायियों के लिए दिलचस्प सामग्री उत्पन्न करने के लिए आप जो कुछ कर सकते हैं, वह है इसे प्रामाणिक बनाना। इसे प्राप्त करने के लिए आपको केवल दो चीजों पर विचार करना चाहिए , आपको यह सुनिश्चित करना होगा कि आपका वीडियो उच्च गुणवत्ता और निरंतरता का हो। अगर आपके वीडियो की क्वालिटी अच्छी नहीं है तो इससे आपके फॉलोअर्स कम हो जाते हैं। और अगर कोई निरंतरता नहीं है, तो आप अपने दर्शकों के साथ दीर्घकालिक संबंध नहीं बना सकते।

आप एक अच्छा मार्केटिंग वीडियो कैसे बनाते हैं?

एक उत्कृष्ट मार्केटिंग वीडियो प्राप्त करने के लिए जो आपके अनुयायियों का ध्यान आकर्षित करता है, आपको इस बारे में स्पष्ट होना चाहिए कि वीडियो बनाते समय आप क्या चाहते हैं। एक और बहुत महत्वपूर्ण बात यह है कि आप अपने दर्शकों और उनकी जरूरतों को जानते हैं। इस स्पष्ट दृष्टि से आप उन उपकरणों का उपयोग कर सकते हैं जो आपके वीडियो की तैयारी के लिए सबसे सुविधाजनक हैं।

आप एक अच्छा सोशल मीडिया वीडियो कैसे बनाते हैं?

सबसे पहले, एक वीडियो के बारे में सोचें जो वायरल हो जाता है और दर्शकों में जो भावना पैदा होती है, उसके बारे में सोचें।

यह जानकर आपको अपनी रणनीति पहले से बनाने की जरूरत है। आपके अनुयायियों के दिल तक पहुंचने वाली कहानी बताने के लिए आपको अपने वीडियो की आवश्यकता होती है। आपके वीडियो के पहले कुछ सेकंड का प्रभाव और उच्च गुणवत्ता का होना आवश्यक है।

आप एक उच्च गुणवत्ता वाला वीडियो कैसे बनाते हैं?

यदि आप अपने वीडियो को प्रभावशाली बनाना चाहते हैं और उच्चतम गुणवत्ता का होना चाहते हैं तो आपको निम्न कार्य करने होंगे:

सबसे पहले, एक सम्मेलन कक्ष में वीडियो रिकॉर्ड करें, इससे बाहरी शोर और रुकावटों से बचने में मदद मिलेगी। रोशनी भी बहुत जरूरी है। आदर्श प्रकाश व्यवस्था के लिए, हमारा सुझाव है कि आप स्टूडियो रोशनी का उपयोग करें। आपको अपने रिकॉर्डिंग स्थान के अंदर ध्वनि को भी नियंत्रित करना चाहिए। यह ध्वनि-अवशोषित पैनलों या भारी पर्दे का उपयोग करके किया जा सकता है जो ध्वनि परावर्तन को कम करने में बहुत अच्छी तरह से काम करते हैं।

मैं वीडियो पर अच्छा कैसे दिख सकता हूं?

अपने वीडियो में अच्छा दिखने के लिए सुनिश्चित करें कि छाया से बचने में मदद करने के लिए बहुत सारी अप्रत्यक्ष प्रकाश व्यवस्था करें। अच्छी नज़र से संपर्क करें और सुनिश्चित करें कि आपका ध्यान वेबकैम पर है न कि स्क्रीन पर। बोल्ड पैटर्न न पहनें क्योंकि वे व्यूअर की स्क्रीन पर कुछ गड़बड़ दिख सकते हैं। एक सही मुद्रा बनाए रखें और सुनिश्चित करें कि आपका चेहरा कैमरे पर दिखाई दे रहा है। कैमरे को ऐसी सतह पर रखें जो आपके माथे की सीध में हो और यदि आप बिल्ट-इन कैमरे वाले लैपटॉप का उपयोग कर रहे हैं तो स्क्रीन को ऊपर की ओर न झुकाएं। कैमरे को हमेशा ऊंची सतह पर रखें और उसे अपनी ओर झुकाएं।

मैं अपने YouTube वीडियो दृश्य मुफ्त में कैसे बढ़ा सकता हूं?

आप जो काम कर सकते हैं उनमें से एक दिलचस्प, वर्णनात्मक शीर्षकों का उपयोग करना है जिनमें कीवर्ड शामिल हैं। इन विशेषताओं वाला एक शीर्षक दो चीजों का निर्माण करेगा; सबसे पहले, यह आपके वीडियो को रैंक करने के लिए एल्गोरिदम के लिए कीवर्ड प्रदान करेगा और दर्शकों को वीडियो की सामग्री के बारे में सूचित करेगा।

मैं अपने फेसबुक वीडियो दृश्य कैसे बढ़ा सकता हूं?

तो आप अपने फेसबुक वीडियो के विचारों को सफलतापूर्वक बढ़ा सकते हैं, निम्न कार्य करें।

अपने वीडियो सीधे फेसबुक पर अपलोड करें। अगर आप ऐसा करते हैं तो वीडियो को और व्यूज मिलेंगे। हमेशा कॉल टू एक्शन का उपयोग करें। यह आपकी साइट पर सीधे वीडियो के माध्यम से यातायात को निर्देशित करने का सबसे अच्छा तरीका है। थंबनेल पहली चीज है जिसे उपयोगकर्ता देखते हैं, इसलिए ऐसा चुनें जो दर्शकों का ध्यान खींचे।

आप टिकटॉक पर व्यूज कैसे बढ़ाते हैं ?

सबसे पहले आपके पास एक उत्कृष्ट प्रोफ़ाइल होनी चाहिए और सुनिश्चित करें कि आप एक अच्छी जगह चुनते हैं।

अपने अनुयायियों के प्रति दयालु रहें और हमेशा समझदारी से उनके सवालों का जवाब दें। चुनौतियां शुरू करें। यह भी सुनिश्चित करें कि आप हैश टैग का उपयोग कर रहे हैं जो ट्रेंड

कर रहे हैं। यदि आप किसी ऐसे व्यक्ति को ढूंढते हैं जो एक ही जगह पर है तो एक सहयोगी वीडियो प्रोजेक्ट का प्रस्ताव रखें। अपने अनुयायियों का ध्यान आकर्षित करने और अन्य प्लेटफार्मों पर प्रकाशित करने के लिए नियमित रूप से प्रकाशित करना भी बहुत महत्वपूर्ण है।

निष्कर्ष:

हम रोमांचित हैं कि आपने हमारी प्रशिक्षण मार्गदर्शिका का लाभ उठाने के लिए चुना है, और हम आपकी अद्भुत सफलता की कामना करते हैं। और आपके उन्नत वीडियो मार्केटिंग प्रयासों को और भी आगे ले जाने के लिए, हम आपको हमारे चरण दर चरण वीडियो प्रशिक्षण तक पहुंच प्राप्त करके इसका अधिकतम लाभ उठाने के लिए आमंत्रित करते हैं यहां क्लिक करें (अपना अपसेल ऑफ़र URL डालें)। उन्नत वीडियो मार्केटिंग से सबसे अधिक लाभ कैसे प्राप्त करें, यह सीखने के लिए आपने जो समय समर्पित किया है, उसके लिए बहुत-बहुत धन्यवाद। उन्नत वीडियो मार्केटिंग हमेशा के लिए बाजार में बने रहने के लिए आई है।

एक्शन

कोई भी मार्केटिंग अभियान शुरू करने से पहले, अपना प्राथमिक वीडियो लक्ष्य तय करना महत्वपूर्ण है। आपने अपनी प्रारंभिक वीडियो मार्केटिंग रणनीति में लक्ष्य बनाए हैं, लेकिन ये लक्ष्य कभी-कभी उत्पादन के दौरान बदल सकते हैं। प्रत्येक वीडियो के लिए केवल एक या दो लक्ष्य चुनना एक अच्छा विचार है। इतना ही नहीं, आपका वीडियो फोकस्ड प्रतीत होगा, जिससे दर्शकों के लिए यह समझना मुश्किल हो जाएगा कि उन्हें आगे क्या करना चाहिए।

उदाहरण के लिए, एक एकल वीडियो एक नए उत्पाद और आपके ब्रांड के बारे में जागरूकता ला सकता है, लेकिन उसी वीडियो में अपने संस्थापक की कहानी को जोड़ना बहुत अधिक हो सकता है। इसके बाद, आइए मेट्रिक्स के बारे में बात करते हैं। वीडियो एनालिटिक्स को समझना आपको अपनी सफलता को परिभाषित करने और मापने के लिए तैयार करेगा।

जब आप कोई वीडियो पोस्ट करते हैं, तो एक मीट्रिक — देखे जाने की संख्या के प्रति जुनूनी होना आसान होता है। जबकि देखे जाने की संख्या एक महत्वपूर्ण मीट्रिक हो सकती है, अन्य मीट्रिक आपके अभियान के लिए अधिक प्रासंगिक हो सकते हैं। विश्लेषण कर सकते हैं उससे अधिक डेटा एकत्र न करें। वे मीट्रिक चुनें जो आपके वीडियो मार्केटिंग लक्ष्यों के लिए सबसे अधिक प्रासंगिक हों।

क्या आप किसी वेब पेज पर वीडियो जोड़ने के बारे में सोच रहे हैं? आपके द्वारा वीडियो जोड़ने से पहले पेज बाउंस रेट और पेज पर लोग कितने समय तक रहते हैं, इस पर ध्यान दें। यह देखने के लिए कि क्या आपका वीडियो लोगों द्वारा आपकी अन्य सामग्री के साथ इंटरैक्ट करने के तरीके को बदलता है या नहीं, यह देखने के लिए वीडियो डालने के बाद मेट्रिक्स की जांच करना सुनिश्चित करें।

अपनी वीडियो मार्केटिंग रणनीति की प्रभावशीलता को कैसे मापें।

प्रत्येक प्लेटफॉर्म और चैनल पर प्रदर्शन को मापने से बहुमूल्य जानकारी मिलती है। इससे आपको यह तय करने में मदद मिल सकती है कि कोई वीडियो आपके दर्शकों के लिए सही सामग्री प्रकार है या नहीं। सभी प्लैटफ़ॉर्म पर, ऊपर दिए गए मेट्रिक के अलावा, अपने वीडियो के जीवनकाल का निर्धारण करने के लिए समय के साथ दृश्यों को मापना सुनिश्चित करें। आप पा सकते हैं कि आपको अपने दर्शकों के लिए प्रासंगिक बने रहने के लिए हर कुछ हफ्तों या महीनों में अपने वीडियो को रीफ्रेश करने की आवश्यकता है। अपने वीडियो के साथ जुड़ाव को ट्रैक और तुलना करते रहें। इससे आपको यह पता लगाने में मदद मिलेगी कि कौन से विषय सबसे अधिक साझाकरण को प्रोत्साहित करते हैं और बेहतर आजीवन मूल्य रखते हैं।

वीडियो मार्केटिंग पहली बार में भारी पड़ सकती है, लेकिन थोड़े अभ्यास और धैर्य के साथ, आप आसानी से उच्च गुणवत्ता वाली वीडियो सामग्री तैयार कर सकते हैं जो आपके ब्रांड के लिए अद्वितीय है। एक कैमरा उठाएं, फिल्मांकन शुरू करें, और अपने जुड़ाव के स्तर को बढ़ाते हुए देखें। वीडियो को अपनी मार्केटिंग रणनीति का एक महत्वपूर्ण हिस्सा बनाने का समय आ गया है। एक समय में एक कदम उठाएं और सीखते रहें। आप कभी नहीं जानते कि एक नया विचार या रणनीति आपके लक्ष्यों को पूरा करने में आपकी मदद कैसे कर सकती है।

www.ingramcontent.com/pod-product-compliance
Lightning Source LLC
Chambersburg PA
CBHW051453150726
48000CB00005B/2382